JN430337

경찰 수사과정/수사결과 불공정한 수사 편파수사 수사심의신청

수사불만 수사심의 편파수사

편저 : 대한법률콘텐츠연구회

(콘텐츠 제공)

해설 · 최신서식

법문북스

머 리 말

형사사건 중에서 전체의 약 90% 이상의 사건의 일차적 수사권과 수사종결 권은 경찰에 있으므로 사법경찰관이 수사한 결과 피의자에 대한 범죄혐의가 있다고 인정되면 일차적 수사권에 의하여 기소의견으로 검찰에 송치하고 피의자에 대한 범죄혐의 인정되자 않는다고 판단하면 불송치(사법경찰관이 수사한 결과 피의자를 기소의견으로 검찰에 송치하지 않고 경찰의 수사와 판단만으로 종결한다는 뜻입니다)결정을 할 수 있습니다.

이러한 경찰의 수사업무는 내재적인 특성상 처리 과정이나 결과에 있어서 국민들이 원하는 기대에 부합하지 않을 수도 있습니다. 하지만 실체적인 진실발견을 위한 노력과 범죄수사 과정이 국민들과의 공감대가 어느 정도 형성된다면, 지금 경찰수사에 대해 국민들이 바라보는 인식은 상당부분 개선될 것이라는 점에 의문의 여지가 없을 것입니다.

형사소송법이 개정되어 시행되면서 수사심의신청이라는 용어자체가 생소할 수도 있습니다. 수사심의신청은 고소사건이나 일반형사사건에 있어 사건 담당수사관 또는 수사관계자의 편파수사 및 수사 과정이나 수사 결과에 대해 불만이나 이견이 있을 경우에 사건 관계인이 수사심의신청을 할 수 있는 제도를 말합니다.

이는 범죄수사가 공정하게 이루어져야 함은 물론이고, 국민으로부터 신뢰받는 경찰상 확립을 위해 범죄의 수사과정과 수사 결과에 국민들이 직접 의견을 개진하여 이의를 제기하고, 사건에 대해 수사의 불법성과 부당성을 가려 재수사 등의 조치를 권고하는 역할을 의미하기도 합니다.

사건 관계인이 수사에 대해 수사심의신청을 할 수 있는 사건은 수사가 진행 중인 사건에 대한 수사심의신청은 경찰 수사 과정이나 수사 결과에서 부당한 점이 있다고 판단될 때 사건 관계자가 이의를 제기하는 절차입니다.(경찰 수사사건 심의에 관한 규칙 제2조 제1항 참조) 이는 수사의 공정성을 보장하고 사건의 관계자의 권리를 보호하기 위해 마련된 제도입니다. 따라서 수사심의신청은 단순히 사건의 결과뿐만 아니라 수사 과정에서의 절차적 문제가 포함될 수 있어 폭넓은 문제 제기가 가능합니다.

수사심의신청의 주된 목적은 부당하거나 미흡한 수사 과정을 바로 잡아 공정한 수사가 이루어질 수 있도록 하는 데 그 목적이 있습니다. 경찰청 내부뿐만 아니라 외부 전문가로 구성된 수사심의위원회가 사건을 심의함으로써 객관적인 판단을 내릴 수 있도록 돕고 있습니다.

수사심의를 통해 사건 관계자는 자신의 권리를 보호받고 수사를 담당하는 경찰 역시 수사 과정을 개선할 수 있는 기회를 얻게 됩니다. 한편 사법경찰관이 수사한 결과 피의자에 대한 범죄혐의 인정되어 기소의견으로 검찰에 송치하여 최종 처분이 내려진 사건도 포함하고 있습니다. 검찰로 송치되어 검사가 불기소처분이 내려진 사건이라도 그 결과에 불만이 있을 경우에 그 검사 소속 지방검찰청이나 지청을 거쳐 관할 고등검찰청에 항고할 수 있고 항고기각 된 경우 대검찰청에 재항고나 그 검사 소속 지방검찰청이나 지청을 경유하여 관할 고등법원에 재정신청 등을 통해 구제받을 수 있습니다.

또한 검찰의 불기소처분 이후 새로운 증거가 나오거나 사실관계의 변경이 있는 경우 사건을 담당했던 경찰서나 시·도 경찰청이나 지방검찰청이나 지청에 수사심의신청을 제기할 수 있습니다. 그러나 단순히 수사과정상 사실오인이나 막연한 결과의 불만에 대해서는 사건처리를 하지 않을 수도 있습니다.

수사심의신청제도의 대상사건은 교통사고와 검찰에서 이첩된 사건을 제외시키고 있으며, 교통사고의 경우에는 교통사고 민간심의위원회에서 경찰의 교통사고 조사 결과에 대해 다시 한 번 검증을 할 수 있습니다. 교통사고 민간심의위원회는 교통사고에 있어 경찰의 조사결과에 대한 검증을 강화하기 위해 교통사고 발생으로 인한 가해자, 피해자가 다툼이 있는 사건 또는 경찰수사과정에서 편파수사라며 민원을 제기한 사건에 대해 평소 교통 분야에 관심을 가지고 있는 전문가들을 참석시켜 해당사건에 대한 문제점을 공정성으로 심의하기 위해 만든 자문회의입니다. 이는 교통사고 사건처리 과정에서 당사자 간 상호 피해자라고 주장하며 경찰수사에 불만을 제기하는 사례가 종종 있기 때문에 시민과 함께 문제의식을 가지고 공정하게 사건을 처리함으로써 국민만족도 향상에 기여하기 위해 위원회를 구성하였고, 향후 교통사고 처리 과정에서 문제된 사건에 대해 시민들의 고견을 업무에 참고하기 위해 운영하고 있습니다.

수사심의신청은 수사 과정 전반에 문제 제기가 가능합니다.

이를테면 수사 과정에서의 불공정성, 절차 위반, 수사관의 태도, 인권 문제 등을 포함하여 다양한 문제를 모두 다룰 수 있습니다.

따라서 사건관계인(고소인, 기관고발인, 피해자, 피의자, 피내사자, 피진정인 및 그들의 대리인을 말한다)은 경찰 내사 · 수사 절차 또는 결과의 적정성 · 적법성이 현저히 침해되었다고 판단하는 경우 수사심의신청서를 작성하여 담당 수사관이 소속된 경찰관서 또는 시 · 도 경찰청에 수사심의를 신청(이하 "수사심의신청" 이라 한다)할 수 있습니다(「경찰 수사사건 심의에 관한 규칙」 제2조 제1항, 제2항).

수사심의위원회의 위원장 및 외부위원은 ①경찰청 소속 공무원이 아닌 사람으로서 5년 이상 수사업무에 종사한 수사 전문가, ②변호사 자격이 있는 사람으로서 법률에 관한 사무에 5년 이상 종사한 사람, ③대학이나 공인된 연구기관에서 법률학 · 행정학 또는 경찰학 분야에서 조교수 이상의 직에 5년 이상 재직한 사람, ④교육계, 언론계, 문화 · 예술계 등 각 사회분야에서 5년 이상 활동한 사람으로서 학식과 경험이 풍부한 사람 중에서 경찰청장이 위촉합니다(「경찰 수사사건 심의 등에 관한 규칙」제11조 제2항, 제20조 제2항).

내부위원은 국가수사본부장이 지명하는 국장 · 과장급 공무원이나 시 · 도 경찰청 소속 수사부서의 과장이나 계장을 임명합니다(「경찰 수사사건 심의 등에 관한 규칙」 제11조 제3항, 제20조 제2항). 시 · 도 경찰청 소속의 수사심의 계는 수사심의신청 사건의 조사에 관한 주관부서로서 객관적이고 공정하게 조사 · 처리하여야 합니다 (「경찰 수사사건 심의에 관한 규칙」 제3조 제1항). 수사심의신청제도는 수사에 대한 공정성을 높이고 수사절차에서의 시민참여의 가능성을 열어주는 제도입니다.

경찰은 경찰수사의 공정성 제고를 위해 「형사소송법」 상 법관에 대해서만 규정된 제척 · 기피 · 회피 규정을 경찰 수사단계에 도입하였습니다. 경찰개혁위원회는 「범죄수사규칙」 에 경찰관 스스로 수사직무에서 물러나야하는 의무인 회피만을 규정하고 있어 제척과 기피에 대한 규정을 추가 신설할 것을 권고하였습니다. 이에 경찰은 형사소송법상 법원에 적용되는 제척을 경찰에 도입하고 2011년부터 지침으로 시행되어 온 '수사관 교체요청 제도'인 기피를 명문화 하였습니다. 또한 기존에 규정되어 있던 회피에 대해서도 절차와 요건을 보다 구체화하는 방향으로 「범죄수사규칙」 을 개정하였습니다(2018년 1월 2일 시행).

제척은 사건 또는 사건관계인과 관련이 있는 수사관을 직무에서 배제하는 것을, 기피는 사건관계자가 수사관의 변경을 요구하는 제도를, 회피는 경찰관이 수사 또는 수사지휘 직무에서 스스로 물러나는 제도를 각각 말합니다. 이 중 기피는 사건관계인에게 신청권이 인정된다는 점에서 의미가 있습니다. 피의자, 피해자와 그 변호인은 ①제척사유가 있는 때와 ②경찰관이 불공정한 수사를 하였거나 그러한 염려가 있다고 볼만한 객관적 · 구체적 사정이 있는 때에는 기피신청서를 작성하여 기피 신청 대상 경찰관이 소속된 경찰관서 내 감사부서의 장에게 해당 경찰관에 대해 기피신청을 할 수 있습니다(「범죄수사규칙」 제9조 제1항, 제10조 제1항).

기피 신청은 경찰관서에 접수된 고소 · 고발 · 진정 · 탄원 · 신고 사건에 한하여 신청할 수 있고(「범죄수사규칙」제9조 제2항), 기피 신청을 접수한 감사부서의 장은 ①대상 사건이 종결된 경우, ②동일한 사유로 이미 기피 신청이 있었던 경우, ③기피사유에 대한 소명이 없는 경우, ④'변호인 피의자, 피해자의 명시한 의사에 반하여 기피 신청을 한 경우' 또는 고소 · 고발· 진정 · 탄원 · 신고 외의 사건에 대해 기피 신청이 이루어진 경우, ⑤기피 신청이 수사의 지연 또는 방해만을 목적으로 하는 것이 명백한 경우는 신청을 수리하지 않을 수 있습니다(「범죄수사규칙」 제11조 제1항). 최근 검사의 수사지휘권이 폐지되고 검사의 직접수사 개시 범위가 제한되면서 시민들이 경찰수사의 중요성을 인식하게 되었고 경찰수사 제도에 대한 관심도 늘었습니다.

이로 인해 수사관의 기피신청도 증가하고 있습니다.

본서를 접한 모든 사건관계인은 스스로 자기의 사건에 대하여 불공정한 수사가 있거나 더 이상 공정한 수사를 기대할 수 없다고 판단하는 경우 바로 수사심의신청을 통하여 권리의 구제받을 수 있으므로 적극 수사심의신청제도를 활용하여 억울한 일 없도록 하셨으면 좋겠습니다.

감사합니다.

편저자

차 례

본 문

검찰수사심의신청서 최신서식

실제사례 최신서식

본문

제1장 수사심의신청제도

1. 수사기간의 활동

형사사건 중 전체의 약 98% 이상의 수사는 일차적으로 사법경찰관이 수행하고 있습니다. 수사는 범죄혐의가 있다고 사료되는 때에 그 유무를 명백히 하고, 공소의 제기와 유지 여부를 결정하기 위하여 범인을 발견·확보하고 증거를 수집·보전하는 수사기관의 활동을 말합니다.

이러한 경찰의 수사업무는 내재적인 특성상 처리 과정이나 결과에 있어서 국민들이 원하는 기대에 부합하지 않을 수도 있습니다. 하지만 실체적인 진실발견을 위한 노력과 범죄수사 과정이 국민들과의 공감대가 어느 정도 형성된다면, 지금 경찰수사에 대해 국민들이 바라보는 인식은 상당부분 개선될 것이라는 점에 의문의 여지가 없을 것입니다.

2. 수사심의신청

수사심의신청은 고소사건이나 일반형사사건에 있어 사건 담당수사관 또는 수사 관계자의 편파수사 및 수사 과정이나 수사 결과에 대해 불만이나 이견이 있을 경우에 사건 관계인이 수사심의신청을 할 수 있는 제도를 말합니다. 이는 범죄수사가 공정하게 이루어져야 함은 물론이고, 국민으로부터 신뢰받는 경찰상 확립을 위해 범죄의 수사과정과 수사 결과에 국민들이 직접 의견을 개진하여 이의를 제기하고, 사건에 대해 수사의 불법성과 부당성을 가려 재수사 등의 조치를 권고하는 역할을 의미하기도 합니다.

사건 관계인이 수사에 대해 수사심의신청을 할 수 있는 사건은 수사가 진행 중인 사건에 대한 수사심의신청은 경찰 수사 과정이나 결과에서 부당한 점이 있다고 판단될 때 사건 관계자가 이의를 제기하는 절차입니다.(경찰 수사사건 심의에 관한 규칙 제2조 제1항 참조) 이는 수사의 공정성을 보장하고 사건의 관계자의 권리를 보호하기 위해 마련된 제도입니다. 수사심의신청은 단순히 사건

결과뿐만 아니라 수사 과정에서의 절차적 문제가 포함될 수 있어 폭넓은 문제 제기가 가능합니다.

수사심의신청의 주된 목적은 부당하거나 미흡한 수사 과정을 바로 잡아 공정한 수사가 이루어질 수 있도록 하는 데 그 목적이 있습니다. 경찰청 내부뿐만 아니라 외부 전문가로 구성된 수사심의위원회가 사건을 심의함으로써 객관적인 판단을 내릴 수 있도록 돕고 있습니다.

수사심의를 통해 사건 관계자는 자신의 권리를 보호받고 수사를 담당하는 경찰 역시 수사 과정을 개선할 수 있는 기회를 얻게 됩니다. 한편 사법경찰관이 수사한 결과 피의자에 대한 범죄혐의 인정되어 기소의견으로 검찰에 송치하여 최종 처분이 내려진 사건도 포함하고 있습니다. 검찰로 송치되어 검사가 불기소처분이 내려진 사건이라도 그 결과에 불만이 있을 경우에 그 검사 소속 지방검찰청이나 지청을 거쳐 관할 고등검찰청에 항고할 수 있고 항고기각 된 경우 대검찰청에 재항고나 그 검사 소속 지방검찰청이나 지청을 경유하여 관할 고등법원에 재정신청 등을 통해 구제받을 수 있습니다. 또한 검찰의 불기소처분 이후 새로운 증거가 나오거나 사실관계의 변경이 있는 경우 사건을 담당했던 경찰서나 지방경찰청이나 지청에 수사심의신청을 제기할 수 있습니다. 그러나 단순히 수사과정상 사실오인이나 막연한 결과의 불만에 대해서는 사건처리를 하지 않을 수도 있습니다.

한편, 수사심의신청제도의 대상사건은 교통사고와 검찰에서 이첩된 사건을 제외시키고 있으며, 교통사고의 경우에는 교통사고 민간심의위원회에서 경찰의 교통사고 조사결과에 대해 다시 한 번 검증을 할 수 있습니다. 교통사고 민간심의위원회는 교통사고에 있어 경찰의 조사결과에 대한 검증을 강화하기 위해 교통사고 발생으로 인한 가해자, 피해자가 다툼이 있는 사건 또는 경찰수사과정에서 편파수사라며 민원을 제기한 사건에 대해 평소 교통 분야에 관심을 가지고 있는 전문가들을 참석시켜 해당사건에 대한 문제점을 공정성으로 심의하기 위해 만든 자문회의입니다. 이는 교통사고 사건처리 과정에서 당사자 간 상호 피해자라고 주장하며 경찰수사에 불만을 제기하는 사례가 종종 있기 때문에 시민과 함께 문제의식을 가지고 공정하게 사건을 처리함으로써 국민만족도 향상에 기여하기 위해 위원회를 구성하였고, 향후 교통사고 처리 과정에서 문제된 사건에 대해 시민들의 고견을 업무에 참고하기 위해 운영하고 있습니다.

수사심의신청은 수사 과정 전반에 문제 제기가 가능합니다.

이를테면 수사 과정에서의 불공정성, 절차 위반, 수사관의 태도, 인권 문제 등을 포함하여 다양한 문제를 모두 다룰 수 있습니다.

제1절 경찰수사심의신청

사건관계인(고소인, 기관고발인, 피해자, 피의자, 피내사자, 피진정인 및 그들의 대리인을 말한다)은 경찰 내사·수사 절차 또는 결과의 적정성·적법성이 현저히 침해되었다고 판단하는 경우 수사심의신청서를 작성하여 담당 수사관이 소속된 경찰관서 또는 시·도 경찰청에 수사심의를 신청(이하 "수사심의신청" 이라 한다)할 수 있습니다(「경찰 수사사건 심의에 관한 규칙」 제2조 제1항, 제2항).

수사심의위원회의 위원장 및 외부위원은 ①경찰청 소속 공무원이 아닌 사람으로서 5년 이상 수사업무에 종사한 수사 전문가, ②변호사 자격이 있는 사람으로서 법률에 관한 사무에 5년 이상 종사한 사람, ③대학이나 공인된 연구기관에서 법률학·행정학 또는 경찰학 분야에서 조교수 이상의 직에 5년 이상 재직한 사람, ④교육계, 언론계, 문화·예술계 등 각 사회분야에서 5년 이상 활동한 사람으로서 학식과 경험이 풍부한 사람 중에서 경찰청장이 위촉합니다(「경찰 수사사건 심의 등에 관한 규칙」제11조 제2항, 제20조 제2항).

내부위원은 국가수사본부장이 지명하는 국장·과장급 공무원이나 시·도 경찰청 소속 수사부서의 과장이나 계장을 임명합니다(「경찰 수사사건 심의 등에 관한 규칙」 제11조 제3항, 제20조 제2항). 시·도 경찰청 소속의 수사심의 계는 수사심의신청사건의 조사에 관한 주관부서로서 객관적이고 공정하게 조사·처리하여야 합니다(「경찰 수사사건 심의에 관한 규칙」 제3조 제1항). 수사심의신청제도는 수사에 대한 공정성을 높이고 수사절차에서의 시민참여의 가능성을 열어주는 제도입니다.

가. 제척 · 기피 · 회피 제도

경찰은 경찰수사의 공정성 제고를 위해 「형사소송법」상 법관에 대해서만 규정된 제척 · 기피 · 회피 규정을 경찰 수사단계에 도입하였습니다. 경찰 개혁위원회는 「범죄수사규칙」에 경찰관 스스로 수사직무에서 물러나야하는 의무인 회피만을 규정하고 있어 제척과 기피에 대한 규정을 추가 신설할 것을 권고하였습니다. 이에 경찰은 형사소송법상 법원에 적용되는 제척을 경찰에 도입하고 2011년부터 지침으로 시행되어 온 '수사관 교체요청 제도'인 기피를 명문화 하였습니다. 또한 기존에 규정되어 있던 회피에 대해서도 절차와 요건을 보다 구체화하는 방향으로 「범죄수사규칙」을 개정하였습니다(2018년 1월 2일 시행).

제척은 사건 또는 사건관계인과 관련이 있는 수사관을 직무에서 배제하는 것을, 기피는 사건관계자가 수사관의 변경을 요구하는 제도를, 회피는 경찰관이 수사 또는 수사지휘 직무에서 스스로 물러나는 제도를 각각 말합니다. 이 중 기피는 사건관계인에게 신청권이 인정된다는 점에서 의미가 있습니다. 피의자, 피해자와 그 변호인은 ①제척사유가 있는 때와 ②경찰관이 불공정한 수사를 하였거나 그러한 염려가 있다고 볼만한 객관적 · 구체적 사정이 있는 때에는 기피신청서를 작성하여 기피 신청 대상 경찰관이 소속된 경찰관서 내 감사부서의 장에게 해당 경찰관에 대해 기피신청을 할 수 있습니다(「범죄수사규칙」 제9조 제1항, 제10조 제1항).

기피 신청은 경찰관서에 접수된 고소 · 고발 · 진정 · 탄원 · 신고 사건에 한하여 신청할 수 있고(「범죄수사규칙」제9조 제2항), 기피 신청을 접수한 감사부서의 장은 ①대상 사건이 종결된 경우, ②동일한 사유로 이미 기피 신청이 있었던 경우, ③기피사유에 대한 소명이 없는 경우, ④'변호인 피의자, 피해자의 명시한 의사에 반하여 기피 신청을 한 경우' 또는 고소 · 고발· 진정 · 탄원 · 신고 외의 사건에 대해 기피 신청이 이루어진 경우, ⑤ 기피 신청이 수사의 지연 또는 방해만을 목적으로 하는 것이 명백한 경우는 신청을 수리하지 않을 수 있습니다(「범죄수사규칙」제11조 제1항). 최근 검사의 수사지휘권이 폐지되고 검사의 직접수사 개시 범위가 제한되면서 시민들이 경찰수사의 중요성을 인식하게 되었고 경찰수사 제도에 대한 관심도 늘었습니다.

이로 인해 수사관의 기피신청도 증가하고 있습니다.

나. 수사관련 사적접촉 금지제도

경찰은 사적접촉 신고센터를 개설하고 사건관계인 사적접촉 금지, 불법업소 사적접촉 금지, 퇴직경찰관 사적접촉 신고제도를 시행하고 있었고, 이를 최근 경찰 출신 변호사 사적접촉 통제로 확대하였습니다. 수사·단속 부서 담당자, 부서장 및 관서장이 퇴직한 후 3년이 안된 법조계에 재취업한 퇴직경찰관과 사무실 내·외에서 사적 접촉할 경우에는 원칙적으로 징계, 관련 업무 배제, 수사 및 단속 부서에 보임 제한 조치를 취합니다.

단순 접촉 단계를 넘어 사적접촉 금지 대상자들이 사건청탁을 한 것이 확인된 경우 사건청탁자 및 사건담당자에 대해서 원칙적으로 직무고발 및 중징계를 합니다.

제2절 수사심의신청 처리기준 및 절차

가. 수사심의신청 처리기준

내사종결 된 본래사건이나 진행 중인 경찰수사범죄사건의 피해자(고소인, 진정인)와 피의자(피고소인, 피진정인, 피내사자)와 참고인의 신청에 의해 수사기관에 접수된 수사심의신청대상의 본래사건이 내사종결 되었거나 수사가 진행 중인 경우에 다음과 같은 기준에 의해 처리가 됩니다.

첫째, 해당 경찰관서 수사관의 편파수사가 의심될 때에는 시·도 지방경찰청의 수사심의위원회는 본래사건을 인계받아서 병합수사 할 수가 있습니다.

둘째, 수사심의신청 내용이 해당 수사관 또는 수사팀의 교체요구이거나 수사결과에 불만이 있을 경우에는 시·도 지방경찰청의 수사심의 계가 직접 재수사하거나 수사관 교체, 재수사 등을 본래사건 수사담당 경찰관서에 지시할 수가 있습니다.

셋째, 수사심의신청 내용이 수사지연인 경우에는 시·도 지방경찰청 수사심의 계가 본래사건 수사팀장 등으로부터 경위서를 징구하는 등 직접 조사하거나 기일을 정하여 신속히 수사 후 결과보고 하도록 본래사건 수사담당 경찰관서에 지시할 수가 있습니다.

검찰에 송치된 본래사건 수사심의신청대상이 된 사건이 경찰단계에서 검찰단계로 송치된 경우에는 다음과 같은 기준에 의해 처리가 됩니다.

첫째, 경찰에서 검찰에 송치된 의견과 다른 처분결과를 얻을 수 있는 새로운 증거 또는 사실관계의 변경이 있는 경우에는 시·도 지방경찰청 수사심의 계가 담당검사와 협의하여 직접 보강수사 후 추송하거나 본래사건 수사관서에 보강수사 후 추송하도록 지시할 수가 있습니다.

둘째. 새로운 증거 또는 사실관계의 변경이 없는 경우에는 검찰단계의 이의제기, 항고, 재항고, 재정신청 등 다른 불복 절차를 안내하고 수사심의 조사는 지양하여야 합니다.

나. 수사심의신청 처리절차

(1) 수사심의신청

사건 관계자가 수사심의신청서를 작성하여 관할 경찰의 관서(경찰서의 종합민원실) 또는 시 · 도 경찰청의 종합민원실에 제출하면 됩니다.

내부 · 외부 수사심의위원으로 구성된 수사심의위원회가 사건의 공정성과 적법성을 심의한 후에 재수사 여부를 결정합니다.

혐의가 없다고 판단한 사건에 대해서는 경찰에서 불송치 결정을 하게 되었습니다.

수사심의신청 등을 통해 경찰에서 다시 한 번 사건을 검토·수사를 할 수 있습니다. 예를 들어 부당한 접수거부, 수사절차 미 준수, 사건처리지연, 수사결과불만족, 인권침해 등 불공정한 수사에 대해 사건 관계인이 담당 수사관이 소속된 그 경찰관서 민원실이나 시·도 경찰청 수사심의계에 수사심의신청서를 작성해 접수하시면 됩니다.

수사심의신청은 사건 관계인이 경찰입건 전 조사, 수사절차 또는 결과의 적정성, 적법성이 현저히 침해되었다고 판단하는 경우에 사건 관계인(고소인, 고발인, 피해자, 피내사자, 피진정인 진정인 등)이 시·도 경찰청 민원실(또는 수사심의 계)이나 경찰서 민원실(또는 수사지원팀)에 수사심의신청서를 제출하시면 됩니다.

시·도 지방경찰청 수사심의 계에서 수사심의신청 및 조사결과를 토대로 심의위원회 심의를 거쳐 사안에 따라 첫째, 보강수사, 둘째, 재수사 등 지시, 셋째, 수사부서 재지정 등이 가능합니다.

경찰에 대한 인권침해 진정 및 처리 결과경찰과 관련하여 국가인권위원회에 진정이 접수된 현황을 보면, 지난 10년간 "폭행, 가혹행위/과도한 장구사용" 등에 해당하는 인권침해 진정사유가 가장 많았으며, "폭언, 욕설 등 인격권 침해"가 그다음의 많았습니다. 한편 최근에 들어서면서 폭행이나 폭언과 같은 인권침해로 진정이 접수되는 건수는 약간 감소하는 경향을 보이는 반면에, "부당한 체포, 구속 및 감금" 등의 이유로 진정이 접수되는 건수는 오히려 증가하는 경향이 있음을 볼 수 있습니다. 하지만 대체로 인권침해 사유별로 진정건수가 연도별로 약간증가하거나 감소하는 변동은 있지만 일정하게 감소하는 경향을 찾아보기 어렵다는 점은 경찰의 인권의식이 여전히 미흡한 상태임을 반증하는 것이라 할 수 있습니다.

수사심의신청서를 작성할 때 들어야 할 사유는 수사 과정이나 결과에서 적정성, 적법성, 공정성이 현저히 침해되었다고 판단되는 경우에 해당하여야 합니다.

부당한 접수 거부 : 고소 · 고발 · 진정 등 사건을 접수하지 않거나 접수를 거부한 경우

수사 절차 미 준수 : 법령이나 규정에 따른 수사 절차를 따르지 않은 경우(예컨대 증거 확보 소홀, 조사 누락 등)

사건 처리 지연 : 불필요하게 수사가 지연되거나, 결과 통지가 늦어진 경우

수사 결과 불만족 : 명백한 증거가 있음에도 불구하고 불송치, 무혐의, 기소중지 등 결과가 부당하다고 판단되는 경우

인권 침해 : 수사 과정에서 인권이 침해된 경우(이를테면 부당한 강압, 모욕, 방어권 침해 등)

불공정한 수사 : 수사관이 편파적으로 수사하거나, 특정인에게 유리하게 수사를 진행한 경우

이처럼 구체적 사실과 함께, 수사 과정이나 결과에서 객관적으로 부당함이 있음을 입증할 수 있는 사유를 들어야 하며, 단순한 불만이나 근거 없는 주장, 내용이 불분명한 경우에는 수사심의신청이 반려될 수 있습니다.

따라서 수사심의신청서에는

어떤 절차적 하자나 부당한 점이 있었는지
그로 인해 어떤 불이익이나 권리 침해가 발생했는지
이를 뒷받침할 수 있는 구체적 사실과 증거를 명확히 기재하는 것이 중요합니다.

수사심의신청서를 작성하는 것이 중요한 이유는, 경찰 수사 과정이나 결과에 부당함이나 적법성 침해가 있다고 판단될 때 사건 관계인이 공식적으로 이의를 제기하고, 자신의 권리를 적극적으로 보호할 수 있는 유일한 제도적 수단이기 때문입니다.

(가) 적법성과 공정성 보장

수사 과정에서 절차적 하자, 증거 누락, 불공정한 판단 등 문제가 발생했을 때, 수사심의신청을 통해 수사의 적법성과 공정성을 다시 한 번 검증받을 수 있습니다

(나) 권리구제의 통로

특히 고발인의 경우, 형사소송법 개정으로 이의신청이 불가능하므로 수사심의신청이 사실상 유일한 불복 절차가 되었습니다. 억울한 불송치 결정이나 부당한 수사 결과에 대해 재수사를 요청할 수 있는 중요한 권리구제 수단입니다

(다) 사건의 재검토 기회 확보

수사심의신청서를 통해 사건의 사실관계와 법적 쟁점, 절차 위반 등을 명확히 제기하면, 경찰이나 검찰이 사건을 다시 면밀히 검토하게 되어 잘못된 결정이 바로잡힐 수 있습니다

(라) 신청서의 구체성 · 충실성의 중요성

수사심의신청서에 구체적 사실과 합당한 사유가 명확히 기재되어야만 심의가 받아들여지며, 그렇지 않으면 반려될 수 있습니다. 따라서 수사심의신청서 작성이 부실하면 권리구제 기회를 놓칠 수 있으므로, 수사심의신청서 작성 자체가 매우 중요합니다

이를테면 수사심의신청서는 사건 관계인의 권리 보호와 수사 절차의 투명성 · 공정성 확보를 위한 핵심적인 제도이며, 수사심의신청서 작성의 충실도가 실제 권리구제의 성패를 좌우할 수 있으므로 매우 중요합니다.

(2) 수사심의의 주체

각 시 · 도 경찰청에 설치된 수사심의위원회가 주관합니다.

수사심의위원회는 내부 수사심의위원과 외부 수사심의위원으로 구성되며, 외부 수사심의위원은 변호사, 교수 등 다양한 전문가로 이루어져 있어 객관성과 공정성이 강화됩니다.

(3) 수사심의심청과 불송치 결정의 이의신청에 관한 차이점

　(가) 신청가능 한 범위

사법경찰관이 피의자에 대한 수사한 결과 범죄혐의 인정되지 않는다는 판단으로 불송치 결정에 대한 이의신청은 불송치 결정의 위법 또는 부당에 대한 의의제기를 위한 제도이기 때문에 수사 결과에 초점이 맞춰져 있습니다.

　(나) 고소와 고발 사건 처리

고소사건과 고발사건 모두에서 사법경찰관의 수사와 판단으로 불송치 결정이 나올 수 있습니다.

그러나 고소사건이나 고발사건은 이의신청의 방식에서 차이가 있습니다.

고소사건의 경우에는 불송치 결정에 대한 이의신청을 통하여 이의를 제기하여 검사에게 재수사를 요청할 수 있고, 고발사건의 경우에는 불송치 결정에 대한 이의를 제기하려면 고소사건과 같이 이의신청은 할 수 없고 그 사법경찰관 소속 경찰 관서의 장(경찰서장)이나 시·도경찰청장에게 수사심의신청을 하여야 합니다.

이러한 차이점은 고발사건에서는 중요한 선택 기준이 됩니다.

　(다) 처리 절차의 차이

　　① 불송치 결정에 대한 이의신청

사법경찰관은 고소인의 이의신청이 접수되면 지체 없이 사건과 관련 수사기록을 검찰에 송부하여야 합니다.

검찰은 사건을 검토하여 경찰에 재수사를 요청할 수 있고 경찰은 이에 재수사를 하여야 합니다.

불송치 결정에 대한 이의신청은 경찰이 수사한 결과 혐의가 인정되지 않는다고 판단한 경우 불송치 결정을 하는데 그 불송치 결정에 대해 이의가 있을 때 신청할 수 있습니다. 불송치 결정에 대한 이의신청은 고소인, 피해자(고발인은 불송치 결정에 대한 이의신청을 할수 없고 수사심의신청을 하여야 합니다)는 불송치 결정을 한 그 경찰서 민원실에 불송치 결정에 대한 이의신청서를 작성해 제출하시면 됩니다.

불송치 결정에 대한 이의신청서가 제출되면 사법경찰관은 지체 없이 이의신청서와 사건의 기록을 첨부하여 검찰청에 송치합니다. 담당 검사는 기록을 면밀히 검토하고 공소유지를 위한 보완수사 또는 재수사를 지시할 수 있습니다.

② 경찰 수사사건 심의에 관한 규칙

제1장 총칙

제1조(목적) 이 규칙은 수사심의 신청 사건의 처리, 수사 사건의 점검 및 경찰수사 심의위원회의 설치·운영에 관한 사항을 정함으로써 수사의 공정을 확보함을 목적으로 한다.

제2장 수사심의신청

제2조(신청) ① 사건관계인(고소인, 고발인, 피해자, 피의자, 피조사자, 피진정인 및 그들의 대리인을 말한다)은 경찰 입건 전 조사·수사 절차 또는 결과의 적정성·적법성이 현저히 침해되었다고 판단하는 경우 경찰관서(담당 수사관이 소속된 경찰서 또는 시·도경찰청을 말한다)에 심의를 신청(이하 "수사심의신청"이라 한다)할 수 있다. ② 제1항의 수사심의신청은 입건 전 조사, 수사가 개시된 날부터 할 수 있다. 다만, 입건 전 조사, 수사가 종결된 경우에는 「경찰수사규칙」 제20조 또는 제97조에 따른 결과 통지를 받은 날부터 90일 이내에 하여야 한다. ③ 제2항 단서에도 불구하고 다음 각 호의 어느 하나에 해당하는 경우에는 결과 통지를 받은 날부터 90일이 지난 후에도 수사심의신청을 할 수 있다. 1. 입건 전 조사, 수사 결과에 영향을 줄 수 있는 새로운 증거 또는 사실이 발견된 경우 2. 증거 등의 허위·위조 또는 변조를 인정할 만한 상당한 정황이 있는 경우 ④ 사건관계인은 수사심의신청을 할 때 별지 제1호서식의 수사심의 신청서를 작성하여 경찰

관서에 이를 제출한다. ⑤ 경찰관서는 제4항에 따른 수사심의신청을 접수해야 하며, 신청자와 충분한 상담을 하여야 한다.

제3조(수사심의신청에 따른 조사) ① 시·도 경찰청 소속의 수사심의 계(이하 "수사심의계"라 한다)는 수사심의신청사건의 조사에 관한 주관부서로서 별표 1의 기준에 따라 객관적이고 공정하게 조사·처리하여야 한다. ② 제1항에도 불구하고 당해사건을 수사한 경찰관서(시·도 경찰청 수사부서가 수사한 경우에는 그 수사부서)(이하 "당해 경찰관서등"이라 한다)에서 조사함이 타당하다고 판단되는 경우에는 별지 제2호 서식의 수사심의신청사건 처리지시 서를 통하여 당해 경찰관서등에서 수사심의신청사건을 직접 조사하고 그 결과를 통보하도록 조치할 수 있다. ③ 수사심의 계는 관련 사건의 특수성 등을 고려하여 시·도 경찰청 소관부서에서 수사심의신청사건을 직접 조사하도록 배당할 수 있으며, 당해 소관부서는 그 조사결과를 수사심의계로 통보한다. ④ 수사심의 계에 소속된 조사담당자는 당해사건의 수사관 또는 수사책임자에 대하여 다음 각 호의 요구를 할 수 있다. 이때 수사관 및 수사책임자는 정당한 사유가 없는 한 조사담당자의 요구에 따라야 한다. 1. 출석 또는 서면을 통한 진술 2. 관계서류나 증거물 등의 제출 3. 당해사건의 개요를 확인하기 위한 KICS 등 전산정보시스템에 입력된 자료의 제출 4. 그 밖에 원활한 조사를 위해 필요한 조치 ⑤ 수사심의계장은 제1항에 따라 직접 조사하거나 제2항 또는 제3항에 따라 조사 결과를 통보받은 사건에 대하여 별지 제3호 서식의 수사심의신청사건 조사결과서를 작성하여 제20조의 경찰수사 심의위원회에 안건으로 상정하여야 한다. ⑥ 수사심의계는 수사심의신청 사건이 다음 각 호의 어느 하나에 해당한다고 인정되는 경우에는 해당 수사심의신청 사건을 각하할 수 있다. 1. 「형사소송법」에 따라 검사 또는 법원에 송치된 경우(수사 절차 위반이나 지침 미준수 등의 사유로 접수된 사건 중 송치된 기록이 없어도 확인이 가능한 경우는 제외한다) 2. 동일한 수사심의신청이 이미 접수되어 진행 중이거나 종료된 경우(수사심의신청 조사결과에 영향을 줄 수 있는 새로운 증거 또는 사실이 발견된 경우, 증거 등의 허위·위조 또는 변조를 인정할 만한 상당한 정황이 있는 경우는 제외한다) 3. 사건관계인의 진술이나 수사심의 신청서에 따라 「경찰수사규칙」 제108조 제1항 제1호부터 제3호까지의 규정에 따른 사유에 해당함이 명백하여 더 이상 조사를 진행할 필요가 없다고 판단되는 경우 4. 사건관계인이 수사기관의 출석요구, 자료제출 요청 등에 불응하거나 사건관계인의 소재가 확인되지 않는 등 수사심의신청에 대한 조사를 개시·진행할 구체적인 근거가 없는 경우 5. 진위 여부가 불분명한 언론 보도나 인터넷 등 정보통신망의 게시물, 익명의 제보, 수사심의신청 내용과 직접적인 관련 없는 제3자로부터의 전문이나 풍문 또는 사건관계인의 추측만을 근거로 수사심의신청 한 경우 등으로서 조사를 개시할 만한 구체적인 사유나 정황이 충분하지 않은 경우 ⑦ 수사심의 계는 수사심의신청 사건 내용이 수사 절차에서의 청렴의무위반·인권침해·부정청탁 등 「경찰 감찰 규칙」 제2조 제1호의 의무위반행위와 관련된 사항인 경우 경찰관서 감찰부서에 이송할 수 있다.

제3조의2(수사심의신청 사건의 조사기간) ① 수사심의계는 수사심의신청 사건을 접수한 날부터 3개월 이내에 조사를 마쳐야 한다. ② 수사심의 계는 제1항의 기간 내에 조사를 완료하지 못하여 조사기간을 연장하는 경우에는 3개월마다 별지 제3호의2서식의 조사기일 연장 건의서를 작성하여 소속 부서장의 승인을 받아야 한다.

제3조의3(조사 진행상황의 통지) ① 수사심의계는 다음 각 호의 어느 하나에 해당하는 날부터 7일

이내에 수사심의신청을 한 사건관계인에게 조사 진행상황을 통지해야 한다. 1. 수사심의신청을 접수한 날부터 3개월이 지난 날 2. 제1호에 따른 통지를 한 날부터 매 1개월이 지난 날 ② 제1항에 따른 통지는 서면, 전화, 팩스, 전자우편, 문자메시지 등 신청인이 요청한 방법으로 할 수 있으며, 별도로 요청한 방법이 없는 경우에는 서면 또는 문자메시지로 한다. 이 경우 서면으로 하는 통지는 별지 제3호의3서식의 조사 진행상황 통지서에 따른다.

제4조(경찰청 수사심의신청사건 처리) ① 경찰청 소속 수사관의 수사에 대한 심의신청 사건은 경찰청 국가수사본부(이하 "국가수사본부" 라 한다) 수사심사정책담당관이 조사한다. ② 제1항의 수사심의신청사건에 관하여는 제3조제3항부터 제5항까지, 제3조의2부터 제3조의3까지의 규정을 준용한다. 이 경우 '수사심의 계'는 '수사심사정책담당관' 으로 본다.

제5조(복합민원 접수·처리) 청문부서의 소관 사항이 포함된 수사심의신청사건(이하 '복합민원'이라 한다)은 수사심의계장과 청문부서장이 협의하여 접수·처리부서를 결정하고 그 결정된 내용을 민원인에게 통지한다.

제6조(타 기관 이송사건 등) ① 타 기관에 접수되어 경찰관서에 이송된 진정 등 사건은 그 내용에 따라 수사심의신청사건으로 접수, 처리할 수 있다. ② 이 규칙에도 불구하고 교통사고 조사에 대한 심의신청은 교통사고조사규칙에 따른다.

제3장 수사 점검

제7조(수사 점검) 수사심의 계는 입건 전 조사, 수사의 적법성·적정성, 주요 수사 정책의 추진상황 등을 수시로 점검하여야 한다.

제8조(점검 결과의 처리) ① 수사심의 계는 제7조에 따라 점검을 한 후, 별지 제4호 서식의 수사점검결과서를 작성하여 제20조의 경찰수사 심의위원회에 보고한다. ② 수사심의계는 제7조에 따른 수사 점검을 하는 과정에서 보완수사, 재수사 등이 필요하다고 판단하는 경우에는 해당 사건의 수사관에게 필요한 조치를 하도록 지시할 수 있다. 이 때 해당 사건의 수사관은 정당한 이유가 없는 한 이를 이행하여야 한다.

제9조(경찰청 수사 점검에 대한 준용) 경찰청 수사부서에 대한 점검에 관하여는 제7조 및 제8조를 준용한다. 이 때 "수사심의 계" 를 "수사심사정책담당관"으로 하고, "제20조에 따른 경찰수사 심의위원회"를 "제10조에 따른 경찰수사 심의위원회" 로 한다.

제4장 경찰수사 심의위원회

제1절 국가수사본부에 설치하는 경찰수사 심의위원회

제10조(설치 및 심의대상) ① 국가수사본부에 경찰수사 심의위원회(이하 이 절에서 '위원회' 라 한다)를 둔다. ② 위원회는 다음 각 호의 사항을 심의한다. 1. 제2조 제1항에 따라 수사심의를 신청한 사건에 관한 사항 2. 「범죄수사규칙」 제30조 제5항, 제31조 제2항에 따른 이의제기사건에 관한 사항 3. 제8조 제1항에 따라 보고받은 점검결과 중 위원장이 심의가 필요하다고 인정하는 사항 4. 그 밖에 경찰청장 또는 국가수사본부장, 위원장이 심의가 필요하다고 부의하는 사항 5. 주

요 수사정책 등에 관한 자문 및 권고 6. 특별수사본부장 심사 추천

제11조(구성) ① 위원회는 위원장 1명을 포함한 10인 이상 20인 이내의 위원과 간사 1명으로 양성평등기본법에 따라 성별을 고려하여 구성한다. ② 위원장 및 외부위원은 다음 각 호에 해당하는 사람 중에서 경찰청장이 위촉한다. 1. 경찰청 소속 공무원이 아닌 사람으로서 5년 이상 수사업무에 종사한 수사 전문가 2. 변호사 자격이 있는 사람으로서 법률에 관한 사무에 5년 이상 종사한 사람3. 대학이나 공인된 연구기관에서 법률학·행정학 또는 경찰학 분야에서 조교수 이상의 직에 5년 이상 재직한 사람 4. 교육계, 언론계, 문화·예술계 등 각 사회분야에서 5년 이상 활동한 사람으로서 학식과 경험이 풍부한 사람 ③ 내부위원은 국가수사본부장이 지명하는 국장·과장급 공무원 3명 이내로 임명한다. ④ 간사는 수사심사정책담당관으로 한다. ⑤ 위원장이 부득이한 사유로 직무를 수행할 수 없을 경우에는 외부위원 중 연장자가 그 직무를 대행한다. ⑥ 위원장 및 외부위원의 임기는 2년으로 하되, 1회에 한하여 연임할 수 있다. ⑦「공직선거법」에 따라 실시하는 선거에 후보자(예비후보자 포함)로 등록한 사람,「공직선거법」에 따른 선거사무관계자 및 선거에 의하여 취임한 공무원,「정당법」에 따른 정당의 당원은 위원이 될 수 없다. ⑧ 위원이 제7항에 해당하게 된 때에는 당연 해촉된다.

제12조(운영) ① 위원회의 회의는 정기회의와 임시회의로 구분한다. ② 정기회의는 특별한 사유가 있는 경우를 제외하고는 매 분기 1회 개최한다. ③ 임시회의는 경찰청장, 국가수사본부장 또는 위원장이 필요하다고 인정하거나, 재적위원 3분의1 이상의 요청이 있는 때에 개최한다. ④ 위원회의 심의는 비공개로 진행한다. ⑤ 제10조 제2항 제2호부터 제4호까지의 사항을 심의할 때에 수사심사정책담당관은 별지 제5호의 서식에 따라 사건설명서를 작성하여 위원들에게 교부한다. 이 경우 사건관계인의 사생활이 침해되지 않도록 인적사항을 공개하지 않는 등 필요한 조치를 취하여야 한다. ⑥ 위원회는 제10조 제2항 제1호 및 제3호에 대한 심의에 필요한 경우 수사관 또는 수사책임자, 전문가 등에게 관련자료 또는 의견의 제출을 요구할 수 있고, 수사관 또는 수사책임자가 원하는 경우 위원회에 출석하여 진술할 수 있는 기회를 줄 수 있다. ⑦ 위원회는 제10조 제2항 제2호의 심의를 위해 필요한 경우에는 이의제기를 한 수사관 또는 이의제기사건의 수사지휘를 한 상관이나 경찰관서장 등에 대하여 관련자료 또는 의견의 제출을 요구할 수 있고 해당 수사관 또는 수사지휘를 한 상관이나 경찰관서장 등이 원하는 경우 위원회에 출석하여 진술할 수 있는 기회를 줄 수 있다. ⑧ 위원회의 회의는 재적위원 과반수의 출석과 출석위원 과반수의 찬성으로 의결한다. ⑨ 위원회는 원활한 심의를 위해 필요하다고 인정하는 때에는 위원회 내에 소위원회를 구성하여 운영할 수 있다.

제13조(위원의 제척·기피·회피) ① 위원이 다음 각 호의 어느 하나에 해당하는 경우에는 해당 심의에서 제척된다. 1. 심의대상 사건의 피의자, 피해자 또는 고소인·고발인인 경우(피의자, 피해자 또는 고소인·고발인이 법인 또는 단체인 경우 그 대표자를 포함한다) 2. 제1호의 사람과 친족 관계에 있거나 있었던 경우 3. 제1호의 사람의 대리인, 변호인(법무법인 또는 합동법률사무소 소속인 경우 해당 법무법인 또는 합동법률사무소에 소속된 변호인을 포함한다) 또는 보조인이거나 이러한 관계에 있었던 경우 ② 심의대상에 해당하는 사건의 수사관 또는 수사책임자, 수사심사정책담당관 등은 위원에게 제1항 각 호의 사유가 있거나, 공정한 심의를 기대하기 어려운 특별한 사정이 있는 경우 위원회에 기피신청을 할 수 있고, 위원회는 의결로 기피 여부를 결정한다.

③ 위원 본인이 제1항 또는 제2항의 사유에 해당하는 경우에는 스스로 그 사안의 심의·의결을 회피할 수 있다.

제14조(수사 관여의 금지 등) ① 위원장을 포함한 외부위원은 심의대상 사건의 수사에 관여하여서는 아니 된다. ② 위원은 심의 과정에서 알게 된 수사사항 등을 외부에 공개 또는 누설하거나 개인적 이익을 위해 이용하여서는 아니 된다. ③ 국가수사본부장은 위원으로부터 별지 제6호 서식에 따라 서약서를 받는 등 사건관계인의 사생활을 보호하고 수사의 보안을 유지하기 위하여 필요한 조치를 취하여야 한다.

제15조(외부위원의 해촉) ① 경찰청장은 외부위원이 다음 각 호의 어느 하나에 해당하는 경우에는 임기만료 전이라도 해촉하여야 한다. 1. 제13조 제3항에 따라 회피 사유가 있음에도 회피하지 않아 심의의 공정성을 침해한 경우 2. 제14조 제1항 또는 제2항의 규정을 위반한 경우 3. 직무태만, 품위손상, 신체·정신상의 이상 등으로 정상적인 직무 수행이 곤란하다고 인정되는 경우 ② 경찰청장은 외부위원이 개인 사정으로 사임을 원하는 경우에는 임기만료전이라도 해촉할 수 있다.

제16조(수당 등) 경찰청장은 외부위원에 대하여 예산의 범위 안에서 수당과 여비를 지급할 수 있다. 다만, 공무원인 외부위원이 그 소관업무와 직접적으로 관련되어 위원회에 출석하는 경우에는 그러하지 아니하다.

제17조(심의결과서) ① 위원회는 심의가 종료되면 별지 제7호 서식의 '경찰수사 심의위원회 심의결과서'(이하 '심의결과서' 라 한다)를 작성한다. ② 심의결과 서에는 심의결과를 기재하고 위원장과 위원들이 서명·날인한다. ③ 위원회의 심의결과와 다른 의견을 가진 위원은 본인의 의견과 그 이유를 기재한 서면을 심의결과서 뒤에 첨부할 수 있다.

제17조의2(심의 결과의 통지) ① 수사심의 계는 위원회의 심의가 종료된 날부터 7일 이내에 수사심의신청을 한 사건관계인에게 심의 결과를 통지해야 한다. ② 제1항에 따른 통지는 서면, 전화, 팩스, 전자우편, 문자메시지 등 신청인이 요청한 방법으로 할 수 있으며, 별도로 요청한 방법이 없는 경우에는 서면 또는 문자메시지로 한다. 이 경우 서면으로 하는 통지는 별지 제7호의2서식의 심의 결과 통지서에 따른다.

제18조(심의 효력) 국가수사본부장은 위원회의 심의결과를 최대한 존중하고 그 처리의 결과 및 이유를 위원회에 통보하여야 한다.

제19조(운영세칙) 이 규칙에 규정한 사항 외에 위원회의 운영에 관하여 필요한 사항은 위원회의 의결로 정한다.

제2절 시·도 경찰청에 설치하는 경찰수사 심의위원회

제20조(설치·구성) ① 경찰수사의 적정성·적법성 여부를 심의하여 수사의 공정을 기하기 위해 시·도 경찰청에 경찰수사 심의위원회(이하 이 절에서 '위원회'라 한다)를 둔다. ② 위원회는 다음 각 호에 해당하는 20인 이상 40인 이내의 외부위원과 6명 이상 10명 이내의 내부위원으로 양성평등기본법에 따라 성별을 고려하여 구성하며, 시·도 경찰청장이 위촉 또는 임명한다. 1. 외부위원 : 제11조 제2항 각 호에 해당하는 사람 2. 내부위원 : 시·도경찰청 소속 수사부서의 과장이나 계장 ③ 위원장은 외부위원 중에서 시·도 경찰청장이 정한다. ④ 간사는 수사심의계장으로 한다.

⑤ 위원장 및 외부위원의 임기는 2년으로 하고, 2회에 한하여 연임할 수 있다. ⑥ 제11조 제7항에 해당하는 사람은 위원이 될 수 없다.

제21조(심의대상) 위원회는 제10조 제2항 제1호부터 제4호까지의 사항을 심의한다.

제22조(운영) ① 정기회의는 특별한 사유가 있는 경우를 제외하고는 매월 1회 개최한다. ② 위원장을 제외한 위원회 위원은 매 회의 때마다 시·도 경찰청장이 지정하는 10인 이상 15인 이하로 양성평등기본법에 따라 성별을 고려하여 구성한다. 이 때 외부위원의 수는 시·도 경찰청장이 지정하는 위원 총수의 3분의2 이상이어야 한다. ③ 위원회의 회의는 제2항에 따라 지정된 위원(위원장을 포함) 3분의2 이상의 출석으로 개의하고, 출석위원 과반수의 찬성으로 의결한다.

제23조(준용규정) 위원회의 운영 등에 대하여는 그 성질에 반하지 않는 한 제4장 제1절을 준용한다. 이때 "수사심사정책담당관"은 "수사심의 계", 제10조 제2항 제4호의 "경찰청장 또는 국가수사본부장"은 "시·도 경찰청장"으로 본다.

제5장 심의결과의 통보 등

제24조(심의결과의 통보 등) ① 국가수사본부 수사심사정책담당관, 시·도경찰청 수사심사담당관(수사과장)(이하 "심사담당 과장"이라 한다)은 제17조에 따른 심의결과 서를 토대로 하여 향후 예방 및 개선이 필요하다고 판단되는 경우 별지 제8호 서식의 심의결과 통보서를 작성하여 해당 경찰관서등의 장에게 통보할 수 있다. ② 심사담당 과장은 제17조에 따른 심의결과 서를 토대로 하여 인사상 조치 등이 필요하다고 판단하는 경우에는 관련 절차를 진행할 수 있습니다.

제3절 검찰시민위원회 운영지침

검찰시민위원회는 검찰 자체 개혁방안 중의 하나로 제시되었던 것으로, 검사의 의사결정 과정에 국민의 의견을 직접 반영하여 검찰권 행사의 공정성과 투명성을 제고하고 국민의 인권을 보장하고자 하는 취지로 대검찰청예규인 검찰시민위원회 운영지침형태로 도입되었습니다. 검찰시민위원회는 지방검찰청에 설치하는 검찰시민위원회와 고등검찰청에 설치하는 검찰시민위원회로 구분되어 각각 심의대상을 달리하도록 되어 있습니다.

가. 위원회의 구성

동 지침 제4조에 규정되어 있는 위원회의 구성에서는 위원의 자격, 위원 수, 상설소위원회 등으로 이루어져 있습니다.

① 위원의 자격

동 지침 제4조 제4항에 규정된 검찰시민위원회 위원의 자격은 i) 만 19세 이상의 대한민국 국민 중에서 건전한 상식과 균형감을 갖춘 일반시민, ii) 다양한 분야의 시민들이 위촉될 수 있도록 직업, 연령, 성별, 거주지 등 고려, iii) 위촉의 공정성을 담보하기 위하여 지역사회의 각 분야로부터 위원으로 위촉될 사람들을 추천받거나 공개모집할 것 등이다.

② 위원 수

동 지침 제4조 제1항에 규정된 위원 수는 11명 이상 60명 이하로 구성하되, 필요한 경우 복수의 위원회를 구성할 수 있지만, 각 위원회의 위원을 합한 위원수가 60명을 초과할 수 없도록 하고 있습니다.

③ 상설 소위원회

동 지침 제4조 제3항에 따라 위원회의 소관사항을 분담·심의하기 위해 상설 소위원회를 구성할 수 있도록 규정하고 있는데, 소위원회는 위원장 포함 5인 이상 9인 이하로 구성하도록 되어 있습니다.

나. 위원회 심의대상

동 지침은 검찰시민위원회의 심의대상으로 지방검찰청과 고등검찰청 간에 그 유형을 달리하고 있으며, 심의대상사건과 심의내용으로 나누어 규정하고 있습니다. 먼저 동 지침 제3조에서 규정하고 있는 지방검찰청 검찰시민위원회의 심의대상은 "1.고위공직자의 금품·향응 수수, 불법 정치자금 수수, 권력형 비리, 지역토착 비리 등 부정부패 사건, 2.피해자가 불특정 다수인 사기·횡령·배임 등 금융·경제 범죄 사건, 3.조직폭력, 마약, 살인, 성폭력 등 중요 강력사건, 4.사회적 이목이 집중된 사건, 5.기타 지방검찰청 등의 장이 위원회의 심의가 필요하다고 지정한 사건"으로 규정되어 있습니다.

그리고 심의내용으로는 "1.공소제기의 적정성, 2.불기소 처분의 적정성, 3.구속취소의 적정성, 4.구속영장 청구 및 재청구의 적정성, 5.수사절차 이의에 관한 진정사건 처분의 적정성, 6.구형 의견의 적정성, 7.소송비용청구여부의 적정성, 8. 항소여부의 적정성, 9.기타 지방검찰청 등의 장이 위원회에 부의하는 사항"으로 규정하고 있습니다.

동 지침 제22조에 규정된 고등검찰청 검찰시민위원회는 지검 검사가 심의를 요청하는 대상사건과 항고사건을 그 심의대상으로 하고 있는데, 이를 구체적으로 살펴보면, 먼저 지검 검사가 심의를 요청할 수 있는 사건으로는 "1.검사 또는 4급 이상 검찰공무원에 대한 형법 제7장(공무원의 직무에 관한 죄)에 규정된 사건(특별법에서 형법 제7장에 규정된 범죄를 가중 처벌하는 경우 포함), 2.검사 또는 4급 이상 검찰공무원이 그 직위를 이용하여 행한 범죄사건, 3.기타 지방검찰청 등의 장이 고검 심의위원회의심의가 필요하다고 판단하여 지정하는 사건"으로 규정되어 있습니다. 그리고 항고사건 가운데 고등검찰청 검찰시민위원회의 심의대상 사건으로는 "1.각 고등검찰청 위임전결규정에 따른 중요사건, 2.피해자가 불특정 다수인 사기·횡령·배임 등 금융·경제범죄 사건, 3.사회적 이목이 집중된 사건, 4.전문가의 참여가 필요한 사건, 5.기소유예 처분의 적정 여부에 대한 판단이 필요한 사건, 6.고등검찰청 검사가 직접 재기하여 수사하는 사건, 7.기타 고등검찰청의 장이 고검위원회의 심의가 필요하다고 지정한사건" 등이 규정되어 있습니다.

다. 심의절차

① 위원회 소집

위원장은 위원들에게 균등한 기회가 부여될 수 있도록 위원회를 소집하며, 대상사건의 관계인과 친분관계나 이해관계가 있어 심의의 공정성에 영향을 미칠 수 있다고 판단되는 위원에 대해서는 회피 또는 기피신청을 하도록 규정하고 있습니다.

그리고 위원회는 위원 9명 이상의 출석으로 사건을 심의하도록 하고 있습니다.

② 심의절차

검사는 객관적이고 충분한 증거나 자료를 바탕으로 심의대상 사건의 사건 설명서를 위원들에게 교부해야 하며, 심의 전에 대상사건의 내용을 공개하지 않도록 규정하고 있습니다.

위원회는 검사 또는 검찰수사관, 전문가 등을 출석케 하여 안건에 대한 설명이나 의견을 들을 수 있고, 검사는 출석하여 안건에 대한 설명이나 의견을 개진함에 있어서 사실과 증거를 최대한 객관적으로 설명하도록 의무화하고 있습니다.

위원회는 일치된 의견을 도출할 수 있도록 하되 불일치하는 경우 출석위원 과반수찬성으로 의결하며, 심의결과를 기재한 심의의견서에 위원장과 위원들이 서명날인한 후 그 사본을 검사에게 인계하고, 검사는 심의결과를 지체 없이 소속 지방검찰청장에게 보고하도록 규정하고 있습니다.

③ 심의의 효력

검사는 위원회의 심의의견을 최대한 존중해야 하지만 위원회의 의견이 검사의 결정을 기속하지는 않으며, 위원회의 의견과 다른 결정을 하는 경우 서면 또는 구두로 심의에 참여한 위원들에게 그 이유를 고지하도록 규정하고 있습니다.

제4절 검찰수사심의위원회

검찰의 수사절차 및 결과에 대한 국민의 신뢰제고를 위해 「검찰수사심의위원회 운영지침」이 제정되었습니다. 앞서 검찰시민위원회와의 차이는, 검찰시민위원회는 ᄌᆞ방검찰청과 고등검찰청에 설치되어 운영되는 반면, 검찰수사심의위원회는 대검찰청에 설치되어 운영된다는 점입니다.

또한 검찰시민위원회의 위원은 일반시민으로 구성된 데 비해, 검찰수사심의위원회는 사회 각계의 전문가로 구성됨으로써 전문적 지식 등을 요하는 중요사건에 있어서 수사의 적정성을 심의하는 기구라고 할 수 있습니다.

가. 위원회의 구성

① 위원회 자격

동 지침에 의하면, 위원회의 위원은 검찰총장이 사법제도 등에 학식과 경험을 가진 사람으로서 덕망과 식견이 풍부한 사회 각계의 전문가를 위원으로 위촉하도록 규정하고 있습니다. 그리고 위원을 위촉하는 경우 법조계, 학계, 언론계, 시민단체, 문화예술등 사회의 각 분야로부터 후보자를 추천받을 수 있도록 규정되어 있습니다.

위원장 및 위원의 임기는 각각 2년으로 하고, 2회에 한하여 연임할 수 있도록 규정하고 있습니다.

② 위원수

동 지침에 의하면, 위원회는 150명 이상 250명 이하의 위원으로 구성하며, 사임 또는 해촉 등으로 위원이 150명 미만으로 감소한 경우 검찰총장은 새로운 위원을 위촉하도록 되어 있습니다.

나. 검찰수사심의위원회의 심의대상과 심의내용

동 지침 제3조에 규정된 위원회의 심의대상은 "국민적 의혹이 제기되거나 사회적 이목이 집중되는 사건"입니다. 그리고 이러한 심의대상 사건에 대해서 심의해야 할 사항으로는 "1.수사 계속 여부, 2.공소제기 또는 불기소 처분 여부, 3. 구속영장 청구 및 재청구 여부, 4.공소제기 또는 불기소 처분된 사건의 수사 적정성·적법성 등, 5.기타 검찰총장이 위원회에 부의하는 사항"이며, 이러한 사항을 판단함에 있어서 "국민의 알권리, 인권보호 필요성, 사안의 중대성" 등을 고려하도록 규정하고 있습니다. 이 경우 제3조 제1항 제1호 내지 제3호, 제5호에 대한 심의는 현안위원회에서 심의하며, 동조 동항 제4호에 대한 심의는 수사점검위원회에서 심의하도록 규정하고 있습니다.

다. 위원회 소집절차

① 위원회 소집

검찰시민위원회와 달리 검찰수사심의위원회는 사건관계인(고소인, 기관고발인, 피해자, 피의자 및 그 대리인과 변호인)이 위원회 소집을 신청할 수 있도록 되어 있습니다. 사건관계인이 수사 중인 검찰청 또는 종국처분을 한 검찰청의 검찰시민위원회에 위원회 소집신청서를 제출하면 검찰청은 대검찰청 정책기획과에 즉시 접수사실을 보고하도록 규정하고 있습니다. 또한 위원회 심의대상에 해당한다고 판단되는 경우 지방검찰청 검사장이 직접 검찰총장에게 서면으로 위원회 소집을 요청할 수도 있습니다.

② 위원회 부의 여부 심의

동 지침 제7조는 신청을 받은 검찰시민위원회 위원장이 검찰시민위원회 위원 3명과 전담검사가 입회한 상태에서 고등검찰청 산하 검찰시민위원 중 무작위 추첨을 통해 15명을 선정하여 부의심의위원회를 구성하도록 규정하고 있습니다. 부의심의위원회는 위원 10명 이상의 참석으로 개의하고, 사건수사검사와 위원회소집신청을 한 사건관계인이 부의심의위원회에 제출한 의견서를 바탕으로 비공개로 진행하며, 참석한 부의심의위원회의 과반수 찬성으로 부의 여부를 의결하도록 되어있습니다.

부의심의위원회의 심의 및 의결이 종료되어 부의 의결된 경우, 위원회 소집요청서를 검찰총장(대검정책기획과)에게 송부하도록 규정하고 있습니다.

③ 위원회 소집

검찰총장은 직권 또는 지방검찰청 검사장의 소집요청이 있는 경우, 그리고 부의심의위원회의 부의의결에 따른 소집요청이 있는 경우 위원회를 소집해야 합니다.

라. 심의대상별 위원회 심의절차

동 지침에 따르면 제3조 제1항 제1호 내지 제3호, 제5호의 사항을 심의하기 위해서는 현안위원회를 구성하도록 규정하고 있으며, 동조 동항 제4호의 사항을 심의하기 위해서는 수사점검위원회를 구성하도록 규정하고 있습니다.

① 현안위원회 구성 및 심의

동 지침에 따르면, 위원장은 위원명부에 기재된 위원 중 무작위 추첨을 통해 심의기일에 출석이 가능한 위원 15명을 현안위원회 위원으로 선정하고, 위원장을 제외한 현안위원 10명 이상으로 사건을 심의하도록 규정하고 있습니다. 심의대상 사건의 주임검사와 신청인은 의견서를 작성하여 심의기일에 현안위원에게 교부해야 하며, 주임검사와 신청인의 의견진술 전에 현안위원들에게 의견서를 검토할 수 있는 충분한 시간을 부여하도록 되어 있습니다.

동 지침은 현안위원회의 심의를 비공개로 진행하도록 규정하고 있으며, 의견이 일치되지 않을 경우 출석위원 과반수의 찬성으로 의결합니다. 현안위원회의 심의 및 의결이 종료되면 검찰수사심의위원회 심의의견서를 작성하여 그 사본을 주임검사에게 송부하고, 주임검사는 현안위원회의 심의의견을 존중하도록 규정되어 있습니다.

각 지방검찰청 검사장은 검찰수사심의신청이 접수되면 부의심의위원회를 열고 사건을 검찰수사심의위원회에 회부할지 논의하여야 합니다. 검찰은 수사팀과 신청인 측에 심의에 필요한 의견서를 작성해 보내달라고 요청합니다.

검찰의 부의심의위원회는 검찰시민위원 중 무작위로 추첨된 15명으로 꾸려집니다. 150~200명 정도로 이뤄진 위원들 중 전산 추첨을 통해 결정됩니다. 부의심의위가 소집을 결정하면 검찰총장은 이를 받아들여 검찰수사심의위를 소집해야 합니다.

② 수사점검위원회의 구성 및 심의

동 지침에 따라 수사심의위원회는 "공소제기 또는 불기소 처분된 사건의 수사 적정성·적법성 등"의 사항을 심의하기 위하여 수사점검위원회를 구성하도록 규정되어 있습니다. 수사점검위원회는 수사의 적정성 및 적법성 여부를 점검하고 이에 따른 업무개선방안 등을 제안하기 위하여 외부전문가와 검찰공무원으로 수사점검단을 구성하며, 수사점검단장은 외부 전문가 중에서 지명하도록 되어 있습니다.

수사점검단은 필요한 경우 수사기록과 관계서류 등의 제출을 요구하거나 사건담당검사 또는 수사관의 출석, 진술 등을 요구할 수 있으며, 담당검사 또는 수사관은 수사점검단의 요구에 최대한 협조하도록 되어 있습니다. 수사점검단장은 점검결과에 대하여 수사점검단 내 의견이 불일치할 경우 수사점검결과 서에 소수의견도 참고사항으로 기재하여 검찰총장과 수사점검위원회에 보고해야합니다.

수사점검위원회의 심의는 비공개로 진행하며, 의견이 일치되지 않을 경우 항목별로 출석위원 과반수 찬성으로 의결하며, 심의의결이 종료되면 심의의견서를 작성하여 서명날인한 후 검찰총장에게 송부하도록 되어 있습니다. 동 지침에 따라 검찰총장은 수사점검위원회의 심의의견을 존중해야 합니다.

제5절 보완수사 요구권

가. 보완수사요구 제도의 내용

검사는 사법경찰관이 수사한 결과 피의자에 대한 범죄혐의 인정되어 기소 의견으로 검찰에 송치한 송치사건의 공소제기 여부 결정을 위해 필요한 경우와 송치사건 공소제기 후 공소유지를 위해 필요한 경우(「수사준칙」 제59조 제2항), 경찰에서 신청한 영장의 청구 여부 결정을 위해 필요한 경우(「수사준칙」 제59조 제3항) 경찰에게 보완수사를 요청할 수 있습니다.(「형사소송법」 제197조의2).

공소기관으로서 검사는 형사법정에서 피고인의 범죄를 입증하고 피고인의 죄에 합당한 형이 선고되도록 소송활동을 수행하는 역할을 하는데, 피고인의 혐의가 명확하지 않다고 판단할 경우 공소제기와 유지를 위해 범죄혐의를 명확히 확인할 필요가 있습니다.

이를 위해 검사가 경찰에게 보완수사를 요구할 수 있도록 법률로 규정한 것입니다. 검사가 보완수사를 요구할 수 있는 사항은 ①범인에 관한 사항, ②증거 또는 범죄사실 증명에 관한 사항, ③소송조건 또는 처벌조건에 관한 사항, ④양형 자료에 관한 사항, ⑤죄명 및 범죄사실의 구성에 관한 사항, ⑥그 밖에 송치 받은 사건의 공소제기 여부를 결정하는 데 필요하거나 공소유지와 관련해 필요한 사항이 있습니다(「수사준칙」 제59조 제2항).

또한 「헌법」에서 보장하는 영장청구권자로서의 검사는 경찰이 신청한 영장을 청구할지 여부를 결정하기 위해 보완수사를 요구할 수가 있는 권한을 갖고 있습니다. 검사가 영장청구권자로서 보완수사를 요구할 수 있는 사항은 ①범인에 관한 사항, ②증거 또는 범죄사실 소명에 관한 사항, ③소송조건 또는 처벌조건에 관한 사항, ④해당 영장이 필요한 사유에 관한 사항, ⑤죄명 및 범죄사실의 구성에 관한 사항, ⑥「형사소송법」 제11조와 관련한 사항, ⑦그밖에 사법경찰관이 신청한 영장의 청구 여부를 결정하기 위하여 필요한 사항이 있습니다(「수사준칙」 제59조 제3항).

경찰의 사건 송치에 따른 보완수사를 요구할 수 있는 사항과 비교해서 ① 양형 자료에 관한 사항, ②그 밖에 송치 받은 사건의 공소제기 여부를 결정하는데 필요하거나 공소유지와 관련해 필요한 사항이 없고, ③해당 영장이 필요한 사유에 관한 사항, ④「형사소송법」제11조와 관련한 사항, ⑤그 밖에 사법경찰관이 신청한 영장의 청구 여부를 결정하기 위하여 필요한 사항은 더 있습니다. 이는 송치에 따른 보완수사 제도는 공소제기 및 유지를 위해 필요하고 영장청구에 따른 보완수사 제도는 영장을 청구하기 위해 필요한 것이라는 제도적 차이에서 기인합니다.

검사는 사법경찰관으로부터 송치 받은 사건에 대해 보완수사가 필요하다고 인정하는 경우에는 특별히 직접 보완수사를 할 필요가 있다고 인정되는 경우를 제외하고는 수사권이 있는 사법경찰관에게 보완수사를 요구하는 것을 원칙으로 합니다(「수사준칙」제59조 제1항).

나. 보완수사요구 이행

사법경찰관은 정당한 이유가 없는 한 지체 없이 검사의 보완수사요구를 이행해야 합니다(「형사소송법」제197조의2). 보완수사요구는 송치 · 불송치 여부를 재차 판단하는 절차가 아니므로 경찰은 원칙적으로 이행결과만 통보하고 중대하고 명백한 하자 또는 사정변경이 있는 경우에만 기존 송치 결정을 취소하고 불송치 결정이나 수사중지 결정을 합니다.

한편, 경찰이 보완수사요구를 지체 없이 따르도록 한 것은 정당성 여부의 판단과 요구 이행을 가능한 한 신속히 하기 위한 규정으로 볼 수 있습니다. 검찰총장 또는 각급 검찰청 검사장은 경찰이 정당한 이유 없이 보완수사요구를 이행하지 않은 경우 징계 · 직무배제 요구가 가능합니다. 징계절차는 「공무원징계 령」 또는 「경찰공무원 징계 령」에 따르고(「형사소송법」제197조의 제3항), 경찰관서장은 20일 이내에 직무배제 해야 합니다(「수사준칙」제61조제2항).이 때 직무배제는 해당 사건에 한하여 수사직무에서 버제되는 것을 의미합니다.

다. 시정조치 요구권

(가) 시정조치 요구권 제도 내용

검사는 사법경찰관리의 수사과정에서 법령위반, 인권침해 또는 현저한 수사권 남용이 의심되는 사실의 신고가 있거나 그러한 사실을 인식하게 된 경우에는 사법경찰관에게 사건기록 등본의 송부를 요구할 수 있습니다 (「형사소송법」 제197조의3 제1항, 제2항). 사법경찰관은 요구를 받은 날부터 7일 이내에 사건기록 등본을 검사에게 송부해야 합니다(「수사준칙」 제45조 제2항). 등본은 원칙적으로 사건기록 전체를 등본으로 제작하여 송부해야 합니다.

등본을 송부 받은 검사는 필요하다고 인정되는 경우에는 사법경찰관에게 시정조치를 요구할 수 있고, 사법경찰관은 정당한 이유가 없으면 지체 없이 시정조치를 이행하고 그 이행 결과를 서면에 구체적으로 적어 검사에게 통보하여야 합니다(「형사소송법」 제197조의3, 「수사준칙」 제45조 제4항).

지체 없이는 사정이 허락하는 한 가장 신속하게라는 의미로 무조건 즉시 이행해야 하는 것은 아닙니다. 경찰은 정당한 이유에 대해서 감사원의 시정요구안의 요건 등을 참고하고 있습니다. 감사원은 "시정요구안이 법률상, 사실상 시정이 가능하여야 하고, 시정요구를 받은 자가 요구 내용대로 조치할 권한이 있고, 시정방안을 구체적으로 제시해야 하며, 시정목적이 공익에 위반하여서는 아니 되고, 시정방안이 여러 개 있고 그 중 어느 방안을 택할지 여부가 처분청 재량에 속할 때는 채택할 수 있는 시정방안을 모두 제시해야 한다"고 하고 있습니다.

시정조치는 법률상, 사실상 시정이 가능한 경우에만 할 수 있습니다.

수사가 이미 종료되었다면 해당 경찰관에 대해 징계요구를 해야 합니다. 시정조치요구의 대상이 되는 법령위반, 인권침해 또는 현저한 수사권 남용은 엄격하게 해석해야 합니다. 모든 법령위반, 인권침해 또는 현저한 수사권 남용이 시정조치요구의 대상이 된다고 해석하는 것은 경찰의 주체적 수사를 보장하려는 개정「형사소송법」의 취지에 맞지 않습니다. 따라서 ①법령위반은 절차를 위반한 압수수색이나 불법감청, 체포구속의 통지 등과 같이 사건관계인의 권리·의무에 영향을 미치는 법령 위반을 의미하는 것으로, ②인권 침해는「헌법」및「형사소송법」등에 규정된 인권 관련법령의 위반을 의미하는 것으로 보는 것이 타당합니다. ③현저한 수사권 남용은 수사의 필요성이나 상당성이 없음에도 행해진 수사를 의미합니다. 이를테면 은폐수사나 편파수사 등이 이에 해당한다고 할 것입니다.

(나) 송치요구

검사는 시정조치 요구가 정당한 이유 없이 이행되지 않았다고 인정되는 경우에는 사법경찰관에게 사건을 송치할 것을 요구할 수 있습니다(「형사소송법」제197조의3). 송치요구를 받은 사법경찰관은 7일 이내에 사건을 검사에게 송치하여야 합니다(「수사준칙」제45조 제7항). 다만, 공소시효 만료일의 임박 등 특별한 사유가 있는 경우 검사는 7일보다 짧은 기간을 정해 통지 가능합니다(「수사준칙」제45조 제8항). 송치 전 수사 과정 중 사법경찰관리가 직무 집행과 관련하여 부당한 행위를 한 경우 지방검찰청 검사장은 해당 사건의 수사 중지를 명하고 임용권자에게 해당자의 교체임용을 요구할 수 있습니다.

(다) 징계요구

검찰총장 또는 각급 지방검찰청 검사장은 사법경찰관리의 수사과정에서 법령위반, 인권침해 또는 현저한 수사권 남용이 있었던 때에는 권한 있는 사람에게 해당 사법경찰관리의 징계를 요구할 수 있고, 그 징계 절차는 「공무원 징계 령」에 따릅니다(「형사소송법」제197조의3). 징계요구는 시정조치요구 불이행에 대한 것이 아니라 수사과정에서 법령위반 등의 행위에 대한 경찰관 개인에 대한 제재입니다. 검사의 징계 요구는 경찰에 기속력이 없으며,「공무원 징계」또는「경찰공무원 징계」의 규정에 따라

처리합니다. 경찰관서의 장은 징계요구에 대한 처리 결과와 이유를 징계
요구 처리결과 서에 기재하여 징계를 요구한 검찰총장 또는 각급 검찰청
관서장에게 통보합니다(「수사준칙」 제46조 제2항).

제6절 재수사 요청권

1. 재수사요청권의 대상

가. 불송치 결정의 의의

재수사요청권의 대상은 사법경찰관의 불송치 결정입니다.

불송치 결정은 사법경찰관이 수사를 완료한 후 관계서류와 증거물을 토대
로 피의자의 혐의 유무에 대한 판단을 하여 불기소함이 적절하다고 판단되
는 경우 검찰에 송치하지 않는 결정을 말합니다. 개정 「형사소송법」 "사법
경찰관이 고소 · 고발 사건을 포함하여 범죄를 수사한 때에 범죄의 혐의가
있다고 인정되어 검사에게 사건을 송치하는 경우 외에는 그 이유를 명시한
서면과 함께 관계서류와 증거물을 지체 없이 검사에게 송부하여야 합니다.

이 경우 검사는 송부 받은 날부터 90일 이내에 사법경찰관에게 반환하여야
합니다."고 규정하고 있습니다(형사소송법 제245조의5 제2호). 위 조항은
사법경찰관이 수사를 완료한 후 관계서류와 증거물을 토대로 피의자의 혐
의 유무에 대한 판단을 하여 불기소함이 적절하다고 판단되는 경우 불송치
결정을 할 수 있음을 규정하는 조항으로 개정 형소법에서 신설한 경찰의
불송치 결정권의 근거 조항입니다.

나. 불송치 결정의 법적성질

형사소송에서 절차의 종결은 '내사 - 수사 - 공소제기 - 공판 - 형집행으
로 이어지는 각 단계에서 이후의 단계로 나아가거나 나아가지 않음에 대한
결정'을 의미합니다. 그러므로 절차가 종결되기 위해서는 다음 단계로의

진행에 대한 판단과 결정이 전제되어야 합니다. 이와 같은 관점에서 수사의 종결은 수사기관이 수사를 개시하여 공소를 제기할 것인가를 결정할 수 있을 정도로 피의사건이 해명되었을 때 수사절차를 마치는 수사기관의 공식적이고 외부적인 결정이라고 정의할 수 있습니다.

경찰의 불송치 결정을 '종국적 처분' 으로 볼 것인가 아니면 '잠정적 처분' 으로 볼 것인가를 살펴 볼 필요가 있습니다. 경찰의 불송치 결정을 '종국적 처분' 으로 이해를 한다면 검사의 기록검토의 범위는 상당히 제한적이고 형식적인 절차에 그칠 것이며, 경찰에 의한 수사종결이 가지는 의미는 더 강해질 것입니다. 수사종결권이 경찰에게 있는 경우 검사는 직접수사를 할 수 없으므로 경찰의 불기소 결정이 가지는 의미는 상당히 클 것이며, 검사의 승인이 아닌 사법경찰관의 결정만으로도 불송치의 효력이 발생하며 수사는 종결된다고 볼 수 있습니다.

하지만 경찰의 불송치 결정을 '잠정적 처분' 으로 이해를 한다면 검사의 기록검토는 수사의 필요성뿐만 아니라 수사의 적절성까지 심사를 하게 되고, 재수사요청은 적극적 절차로 볼 것이며, 검사의 기록검토는 사실상 '검사에 의한 승인' 의 의미가 강하게 됩니다. 경찰의 수사 주체성을 인정하고, 검사의 수사지휘권을 폐지하여 경찰과 검찰을 협력관계로 규정한 개정 「형사소송법」 의 취지상 경찰의 불송치 처분을 종국적 처분으로 이해해야 할 것입니다.

2. 재수사 요청제도

경찰이 불송치 결정 한 사건이 위법 또는 부당한 때 검사는 관계 서류와 증거물을 송부 받은 날부터 90일 이내에 그 이유를 문서에 명시하여 경찰에게 재수사를 요청할 수 있습니다(「형사소송법」 제245조의8, 「수사준칙」 제63조 제1항본문). 다만, 불송치 결정에 영향을 줄 수 있는 명백히 새로운 증거 또는 사실이 발견된 경우 또는 증거 등에 대해 허위, 위조 또는 변조를 인정할만한 상당한 정황이 있는 경우에는 90일이 지난 후에도 재수사요청을 할 수 있습니다

(「형사소송법」제245조의8, 「수사준칙」제63조 제1항 단서). 예외사유는 엄격하게 해석하는 것이 원칙이고, 더구나 만약 90일 도과 후에도 언제든지 재수사가 무분별하게 진행된다면 국민의 법적 안정성을 심각하게 해칠 수 있는 만큼 90일 도과 후 재수사요청이 가능한 예외사유는 엄격하게 따져야 합니다.

경찰은 「수사준칙」제63조 제2항에 따라 검사가 그 내용과 이유를 구체적으로 서면에 적어 재수사를 요청하도록 하고 있으므로 서면의 기재내용을 꼼꼼히 살피고, 필요하면 검사의 협의를 진행하여 해당 예외사유가 존재하는지 여부를 면밀히 살펴야 합니다.

재수사 요청권은 검사가 외부의 통제기관으로서 경찰의 불송치 결정이 적법하고 정당한 결정인지 살펴볼 수 있도록 한 권한으로 볼 수 있습니다. 검사가 사법경찰관으로부터 송부 받은 불송치기록을 검토하는 경우 피의자, 사건관계인 또는 그 변호인 등으로부터 사실관계 등의 확인을 위한 자료를 제출받거나 공무소 그 밖의 공사단체에 조회하는 등의 방법으로 사법경찰관이 송치하지 않은 것이 위법 또는 부당한지 여부를 판단할 수 있습니다(「검찰사건사무규칙」제134조 제1항).

재수사 요청의 사유인 위법 또는 부당함에 대하여는 구체적인 사안에 따라 불송치 결정에 영향을 미친 사유가 위법 또는 부당한지로 판단해야 합니다. 뿐만 아니라 해당 사유와 불송치 결정 간에 인과관계가 있는 경우에 국한하여 검사가 재수사를 요청할 수 있다고 해석하는 것이 합리적입니다.

가령 수사미진이 발견되거나, 혐의가 인정되고 관련 증거가 충분히 확보되어 있음에도 송치하지 않은 경우, 또는 법령적용을 잘못하거나 법령의 존재를 알지 못하여 무죄판단하고 송치하지 않은 경우가 검사가 재수사를 요청할 수 있는 사건입니다.

검사의 재수사요청이 있다고 하더라도 과거와 같이 어떤 사항을 재수사하라는 요청은 할 수가 없고, 왜 경찰의 불송치 결정이 위법 또는 부당하다고 판단하였는지 그 내용과 이유만 서면으로 기재할 수 있습니다. 어떤 사항을 구체적으로 어떻게 재수사해야 하는지 여부의 판단은 검사의 요청서 기재내용을 참고하여 경찰이 결정해야 합니다.

또한 보강이 필요하다고 판단되는 부분을 다시 수사한 다음 혐의 여부에 대한 결정을 할 때도 경찰이 주체적으로 진행해야 합니다. 수사관은 재수사 결과 범죄 혐의가 인정되면 기존 불송치 결정을 취소하고, 범죄 혐의가 인정되지 않으면 기존 불송치 결정을 유지합니다.

범죄혐의가 있다고 인정되는 경우 송치결정서를 작성하고 피의자 및 고소인 등에게 불송치 결정 취소 및 송치 결정 사실을 통지합니다(「수사준칙」 제64조). 기존의 불송치 결정을 유지하는 경우 재수사결과서만 검사에게 오프라인으로 송부하고 민원인에게 별도 통지하지 않습니다.

3. 재수사 후 송치요구

수사준칙에 따르면 검사의 재수사 요청에도 불구하고 그 결과가 종전의 불송치 결정을 유지하는 것으로 결정되었다면 더 이상 재수사 요청을 할 수 없도록 기회를 1회로 제한하고 있을 뿐만 아니라 이러한 경우 검사로 하여금 송치요구를 할 수 없도록 명시적으로 제한해 놓았습니다(제64조 제2항).

다만, 불송치 결정 유지에 대해 법리위반, 송부 받은 관계 서류 및 증거물과 재수사결과만으로도 공소제기를 할 수 있을 정도로 명백한 채증법칙 위반, 공소시효 또는 형사소추 요건 판단오류가 있어 위법 또는 부당이 시정되지 않은 경우가 있다고 판단하는 경우 검사는 30일 이내 겸찰에 사건 송치 요구가 가능합니다(「수사준칙」 제64조 제2항). 경찰의 불송치 종결 및 송부 후 검사의 재수사요청에 따라 재수사 중인 사건에 대해 이의신청이 있는 경우 당시까지 작성한 수사기록에 사건송치서, 송치결정서를 작성하여 검사에 송치하여야 합니다(「수사준칙」제65조).

4. 재수사요청 기한

재수사를 요청할 수 있는 기간 즉 재수사요청 기한인 90일 이후의 일반적인 재기요청은 「형사소송법」 제345조의8에서 규정하고 있는 재수사요청과 다른 일반적 협력 차원의 절차로서, 검사가 경찰에게 사건의 재기를 요청할 수 있도록 하고, 요청을 받은 경찰이 사건의 재기 여부를 판단하도록 하는 것입니다. 예외적으로 90일 도과 후에도 재수사 요청을 할 수 있도록 규정되었습니다. 당초 「형사소송법」 제245조의5와 제245조의8을 종합해서 해석할 때 불송치 서류를 반환해야 하는 기한인 90일까지를 재수사요청 기한으로 보는 것이 법해석상 합리적이고 타당합니다.

더구나 경찰의 불송치 결정과는 다르게 다시 수사를 개시시키는 효과를 가진 재수사요청 가능 여부는 피의자 등 사건관계인의 권리·의무와 직결되는 문제이므로, 기록반환 이후에도 기한 없이 검사의 재수사요청이 가능하다고 본다면 사건관계인의 법적 안정성 보장 측면에서도 바람직하지 않기 때문입니다.

제7절 수사중지 시 모든 사건 기록 송부

1. 수사중지제도

피의자가 소재불명인 경우에 사법경찰관이 일시 수사를 중지하는 것을 피의자중지라 하고, 참고인이 소재불명인 경우에 사법경찰관이 일시 수사를 중지하는 것을 참고인중지라고 합니다. 피의자중지와 참고인중지를 통칭하여 수사중지라고 부릅니다(「수사준칙」 제51조 제1항 제4호).

사법경찰관은 수사중지 결정을 하는 경우 7일 이내에 사건기록을 검사에게 송부하여야 합니다. 검사는 사건기록을 송부 받은 날부터 30일 이내에 반환하여야 하며, 그 기간 내에 시정조치를 요구할 수 있습니다(「수사준칙」 제51조 제4항).

2. 수사중지 이의제기 절차

경찰은 수사중지 결정을 한 경우 그 내용이 고소인·고발인·피해자 또는 그 법정대리인과 피해자에게 검사와 사법경찰관의 상호협력과 일반적 수사준칙에 관한 규정 제53조 제1항에 따라 서면으로 통지하여야 합니다.

수사중지 결정통지를 받은 사람은 그 통지를 받은 날부터 30일 이내에 해당 사법경찰관이 소속 된 바로 상급 시 · 도 경찰청장에게 경찰수사규칙 제101조 제1항에 따라 이의를 제기할 수 있습니다.

이의제기 서를 해당 사법경찰관 소속 결찰관서에 제출하더라도 상급 시 · 도 경찰청장에게 송부되기 때문에 그 사법경찰관 소속 관서의 장(경찰서장)에게 이의제기서를 제출하여도 무망합니다.

사법경찰관 소속 경찰관서의 장(경찰서장)으로부터 이의제기 서를 송부받은 상급 시 · 도 경찰청장은 이의제기 서를 송부받은 날부터 30일 이내에 수용 여부를 결정 해당 사법경찰관 소속 경찰관서의 장(경찰서장)에게 결과를 통보합니다.

시 · 도 경찰청으로부터 이의제가 이유 있다고 수용될 경우 수사중지 사건은 재개 지시와 담당 사법경찰관리의 교체가 함께 이루어질 수 있습니다. 수용여부 결정을 한 날부터 7일 이내에 이의처리결과통지서에 처리결과와 그 사유가 함께 기재되어 이의제기를 한 사람에게 통지가 됩니다.

3. 사법경찰관 처분에 대한 준 항고

가. 의의

검사 또는 사법경찰관의 구금, 압수 또는 압수물의 환부에 관한 처분과 변호인의 접견교통 및 피의자신문 참여에 관한 처분에 불복이 있으면 그 직무집행지의 관할법원 또는 검사의 소속검찰청에 대응한 법원에 그 처분의 취소 또는 변경을 청구할 수 있습니다(「형사소송법」 제417조).

이 경우의 불복방법을 가리켜서 준 항고라 합니다.

나. 구금처분에 대한 준 항고

사법경찰관의 구금처분은 피의자에 대한 구속영장의 집행과 관련된 처분을 말합니다. 집행과정에 문제가 있는 경우뿐만 아니라 구속의 집행정지와 관련된 처분과 같이 구속 상태의 해제와 관련된 처분도 준 항고의 대상이 됩니다. 준 항고의 대상이 되는 구금처분은 적극적인 처분뿐만 아니라 소극적인 부작위도 포함됩니다,

따라서 피의자의 변호사가 피의자를 접견하기 위해 접견신청을 한 후 상당 기간이 경과되었는데도 접견이 허용되지 않은 경우 이는 접견불허처분과 동일시 된다고 봄이 상당합니다. 사법경찰관이 보호장비 사용을 정당화할 예외적인 사정이 존재하지 않음에도 피의자를 신문할 때 피의자 또는 변호인으로부터 보호 장비를 해제해 달라는 요구를 받고도 거부한 조치도 구금처분에 해당합니다.

다. 수사결과에 대한 통지

(가) 수사결과 통지

검사 또는 사법경찰관은 「수사준칙」 제51조 또는 제52조에 따른 결정을 한 경우에는 사건을 송치하거나 수사기록을 송부한 날부터 7일 이내에 그 내용을 고소인 · 고발인 · 피해자 또는 그 법정대리인(피해자가 사망한 경우에는 그 배우자 · 직계친족 · 형제자매를 포함합니다)과 피의자에게 통지하여야 합니다. 다만, 피의자중지 결정 또는 기소중지 결정을 한 경우에는 고소인등에게만 통지합니다(「형사소송법」 제245조의6, 「수사준칙」 제53조 제1항, 「경찰수사규칙」 제97조 제1항).

통지를 받은 고소인 등은 경찰관서에 이의신청할 수 있으며, 이의신청이 있는 경우 지체 없이 경찰은 해당 사건을 검사에게 송치하도록 의무를 부여하였기 때문에 수사결과 통지는 「형사소송법」 과 「수사준칙」 에서 새롭게 규정하는 당사자 이의신청 권 보장의 필수적 전제 절차입니다. 통지와는 별도로 고소인, 고발인, 피의자가 사실증명을 요청하는 경우 불송치 결정 증명서를 교부해야 합니다(「범죄수사규칙」 제97조 제6항).

불송치 결정을 하였으나 재수사 요청으로 재수사한 결과 범죄 혐의가 인정되어 송치 결정으로 전환하는 등 결정이 바뀔 때마다 통지 대상자에게

바뀐 결정에 대해 새로 통지를 해주어야 합니다. 개정 「형사소송법」 체계 하에서의 결과통지는 「형사소송법」과 「수사준칙」에서 새롭게 규정하고있 는 당사자 이의신청 권 보장의 필수적 전제절차로 그 의미를 가집니다.

(나) 불송치 결정에 따른 고소인 등 수사결과통지

(1) 의의

수사준칙 제53조는 경찰과 검사 모두 고소인·고발인·피해자 또는 그 법정대리인에게 수사결과를 통지하도록 규정하면서, 검사는 취지통 지와 이유통지를 구분하면서 검사의 불기소 처분 시에는 그 취지만 통보하고, 고소·고발인의 청구가 있는 때 비로소 그 이유를 서면으 로 통지하도록 하고(「형사소송법」 제258조, 제259조)있는 반면에, 경 찰은 경찰의 불송치 결정 시 취지와 그 이유를 고소인 등에게 통지하 도록 규정하고 있습니다(「형사소송법」 제245조의6). 개정 「형사소송 법」은 경찰에게도 불송치 결정에 대한 통지 의무를 부여하여 고소인 등이 처리 결과를 통지받을 권리를 법적으로 보장함으로써 고소인 등 의 청구가 없더라도 불송치 결정의 취지와 그 이유까지 통지하도록 하면서 통지 대상의 범위도 기존의 고소인, 고발인 외에 피해자와 그 법정대리인에게까지 확대하였습니다. 이에 따라 고소·고발이 아닌 수사기관의 인지를 통해 수사 개시한 사건의 피해자도 처분결과 통지 와 관련하여 고소인·고발인과 동등한 권리를 갖게 되었습니다.

(2) 이의신청에 따른 사건송치 통지

불송치 결정 통지를 받은 고소인등은 불송치 결정을 한 해당 사법경찰 관의 소속 관서의 장에게 이의신청할 수 있고(「형사소송법」 제245조의 7 제1항), 사법경찰관은 이의신청이 있는 때 지체 없이 검사에게 사건 을 송치하고 관계서류와 증거물을 송부하여야 하고 통지서에 반드시 처리결과와 그 이유를 기재하여 신청인에게 통지하여야 합니다(「형사소 송법」 제245조의7 제2항). 통지는 서면, 전화, 팩스, 전자우편, 문자메시지 등 상대방이 요청한 방법으로 하되, 별도 요청사항이 없는 경우 서면 또는 문자메시지로 실시합니다(「경찰수사규칙」 제113조 제3항).

(3) 보완수사 결과통보서

검사가 송치사건과 영장신청사건의 보완수사를 요구하면 이행 · 불이행의 결과를 통보하는 제도입니다(「경찰수사규칙」 제105조 제1항).

(4) 재수사 결과서

검사가 경찰의 불송치 결정이 위법 또는 부당한 때 그 이유를 명시한 문서로 경찰에 재수사를 요청하는 제도입니다(「수사준칙」 제64조).

(다) 수사서류 열람 · 복사

(1) 의의

수사단계에서 피의자나 변호인은 영장실질심사나 구속적부심사에 대비하여 수사기록을 열람 · 등사하여 이를 검토할 필요가 있고, 또 피해회복 등이 구속여부를 결정하는 사건에 있어서 피해자의 인적사항을 파악하여 공탁이나 합의 등 피해회복을 위한 노력을 할 필요가 있으며, 압수 · 수색을 당한 피의자의 변호인으로는 어떠한 이유로 피의자가 압수 · 수색을 당하게 되고 그 근거가 무엇인지 파악할 필요가 있습니다. 또한 초동수사단계라 할지라도 피의자로서는 과연 어떤 혐의를 받아 조사를 받고 있는지 여부를 파악하고 그에 처할 필요가 있으므로 초동수사단계라 할지라도 피의자로서는 수사서류를 열람 · 등사할 필요가 있습니다.

수사준칙 상 수사 「수사준칙」 에 수사 중인 사건, 불송치 결정 사건, 고소장, 체포서 등 유형별로 신청주체, 신청 가능서류 등에 대해 규정하고 있습니다.

검찰수사심의신청서 최신서식

(2) 검찰수사심의신청서 최신서식

검 찰 수 사 심 의 신 청 서

1. 신청인

성명 : 홍길동   사건 관련 신분 : 고소인

주민등록번호 : ○○○○○○-○○○○○○○

전화번호 : ○○○-○○○○-○○○○

주소 : 부산시 ○○구 ○○로 ○○길 ○○, ○○○-○○○호

전자우편 : ○○○@naver.com

2. 당해 가건 내용

사건번호 : ○○○○년 형제○○○○호   담당 검찰청 : 부산지방검찰청

죄명 : 사기   담당검사 : ○○○

3. 신청 사유

가. 사건개요

피의자 조○○가 신청인에게 ○○○○. ○○. ○○.허위 투자 계약을 제안하여 금 2억 원을 편취한 사건으로 ○○○○. ○○. ○○.부산 ○○경찰서에 고소장을 접수 후 ○○○○. ○○. ○○. 경찰에서 검찰에 기소의견으로 송치되었습니다.

나. 수사 절차상 하자

(1) 핵심 증거 미확보

○ 계약서 원본(제1증거)과 금융거래내역(제2증거)에 대한 압수수색 미실시

(2) 증인조사 생략

○ 투자 중개인 고소 외 최○○(휴대전화번호 010 - 1234 - ○○○○)에

대한 진술조서 미작성

  (3) 피의자 신문 불충분

     ○ ○○○○. ○○. ○○. 단 1회의 피의자 신문만 진행

4. 증거 평가의 잘못

 가. 피의자 측 제출 서류의 위조 여부에 대한 문서감정 미실시

 나. 신청인이 제출한 녹취 파일에 대한 음성감정 생략

5. 법리 적용 오류

  ○ 형법 제347조(사기)의 구성요건 해석에 대한 검찰의 판단이 대법원 판결과 상충

6. 구체적 요청 사항

 1. 본 사건에 대한 수사 재개 및 추가 증거수집

 2. 수사 절차 하자의 시정을 위한 검찰수사심의위원회 심의 요청

7. 소명자료 및 첨부서류

  1. 투자 계약서 사본 1부

  2. 금융거래내역서 1부

  3. 녹취 파일 복사본 1개

  4. 관현 판례집 사본 3부

○○○○ 년 ○○ 월 ○○ 일

위 신청인 :홍길동 (인)

부산지방검찰청 검찰총장 귀중

증인 진술 요약

성명 : 조○○

휴대전화 : ○○○-○○○○-○○○○

진술 내용 : 투자 중개 과정 목격

증거번호 : 제3증거

설명 : 양○○

휴대전화 : ○○○ - ○○○○ - ○○○○

진술 내용 : 피의지 자금 유용 확인

증거번호 : 제4증거

(3) 경찰수사심의신청서 최신서식

경 찰 수 사 심 의 신 청 서

1. 신청인

성명 : 홍길동

주민등록번호 : ○○○○○○-○○○○○○○

연락처 : ○○○-○○○○-○○○○

주소 : 수원시 ○○구 ○○로길 ○○○, ○○○○동 ○○○○호

2. 사건 내용

사건번호 : ○○○○년 형제○○○○호 사기

관할 경찰서 : 수원 ○○경찰서

담당 수사관 : 경제1팀 경위 ○○○

3. 신청취지 및 사유

가. 본인은 위 사건의 고소인(또는 피의자, 피해자 등)입니다.

나. ○○○○. ○○. ○○.로 경찰로부터 불송치 결정(또는 수사과정상 부당한 처우 등)에 대한 통보를 받았습니다.

그러나

(1) 수사과정에서 본인이 제출한 주요 증거자료(○○계약서, 통화 녹취록 등)가 제대로 반영되지 않았고,

(2) 상대방 피의자의 진술만을 근거로 일방적으로 판단되었습니다.

(3) 수사 지연 및 결과 통지의 지연 등 절차상 문제가 있었습니다.

이에 본인은 경찰 수사의 적법성 · 공정성 · 적정성에 중대한 하자가 있다고
판단하여 수사심의위원회의 심의를 요청합니다.

4. 소명자료 및 첨부자료

1. 증거자료 사본,

2. 통화 녹취록,

3. 기타 참고자료

○○○○ 년 ○○ 월 ○○ 일

위 신청인 : 홍 길 동 (인)

수원 ○○경찰서장 경기도 남부지방경찰청장 귀중

(4) 불송치 결정 이의신청서 최신서식1

불송치 결정 이의신청서

1. 신청인

성명 : ○○○

사건 관련 신분 : 고소인

주민등록번호 : ○○○○○○-○○○○○○○

전화번호 : ○○○-○○○○-○○○○

주소 : 전주시 ○○구 ○○로길 ○○, ○○○-○○○○호

전자우편 : ○○○○@naver.com

2. 경찰 결정 내용

사건번호 : ○○○○년 형제○○○○호

죄명 : 사기

결정내용 : 불송치(혐의없음)

3. 이의신청 이유

본인은 위 사건의 고소인입니다. ○○○○. ○○. ○○.자로 전주 ○○경찰서에서 피의자 ○○○에 대해 '혐의없음(증거불충분)' 으로 불송치 결정을 통지받았습니다.

그러나 아래와 같은 이유로 이의신청을 제기합니다.

(1) 경찰은 피의자가 사기 범행을 저질렀다는 점에 대해 증거가 부족하다고 판단하였으나 본안은 추가로 아래와 같은 새로운 증거를 제출합니다.

가. 피의자와의 통화 녹취록(첨부1) : 피의자가 범행을 시인하는 내용이 포함되어 있습니다.

나. 거래 내역서(첨부2) : 피해 금이 피의자 계좌로 송금된 사실이 확인됩니다.

(2) 경찰은 피의자 진술만을 근거로 불송치 결정을 내렸으나, 목격자인 고소 외 ○○○(휴대전화 ○○○ - ○○○○ - ○○○○)이 범행현장을 목격하였으며, 진술서(첨부3)를 제출합니다.

(3) 수사 과정에서 본인이 제출한 증거자료에 대한 충분한 검토가 이루어지지 않았다고 판단됩니다.

이에 본인은 위와 같은 사유로 경찰의 불송치 결정이 부당하다고 생각하며, 사건을 검찰에 송치하여 재수사 및 추가 조사를 요청합니다.

4. 이의신청 결과 통지서 수령방법

서면 / 전화 / 팩스 / 전자우편 / 문자메시지(해당되는 방법의 표시)

○○○○ 년 ○○ 월 ○○ 일

위 이의신청인 : 홍길동 (인)

전북 전주 ○○경찰서장 귀중

(5) 불송치 결정 이의신청서를 작성할 때 팩트와 데이터를 효과적으로 활용하는 방법

1. 팩트와 데이터의 중요성

이의신청서는 단순한 감정 호소가 아니라, 검사가 이의신청서를 받아들일 수밖에 없는 객관적 근거와 구체적 사실을 바탕으로 작성해야 설득력이 높아집니다.

실제로 이의신청이 받아들여지는 사례는 대부분 팩트와 데이터 중심의 논리적 주장에 중점을 두고 있습니다.

2. 팩트와 데이터 활용 방법

가. 핵심 주장에 직접 연결되는 사실만 제시

자신의 주장이 왜 타당한지, 어떤 부분이 불합리한 처분인지 구체적으로 설명할 때 팩트(사실관계)와 데이터(수치, 증거자료 등)를 사용해야 합니다.

나. 수치화·객관화된 자료 첨부

예를 들어, "피해 금액이 1억 원임을 계좌 내역(첨부1)으로 증명합니다", 또는 "통화 녹취록(첨부2)에서 피의자가 범행을 시인한 내용이 있습니다." 이와 같이 구체적 수치, 날짜, 증거자료를 명확히 제시해야 합니다.

다. 새로운 증거나 미반영 된 자료 강조

기존 결정에서 고려되지 않았던 새로운 증거나, 기존 증거의 재해석이 필요한 부분을 데이터와 함께 구체적으로 설명합니다.

라. 자료의 출처와 취득 경위 명확히 기재

각 증거자료가 언제, 어디서, 어떻게 확보되었으며, 왜 이전에 제출하지 못했는지 등도 상세히 기재하면 신뢰도가 높아집니다.

마. 팩트와 데이터가 주장과 어떻게 연결되는지 논리적으로 설명

단순히 자료만 이의신청서에 나열하지 말고, 각 자료가 이의신청 사유와 어떤

관련이 있는지 구체적으로 풀어서 설명해야 합니다.

예들 들어 "○○○○. ○○. ○○. 송금된 1억 원의 계좌이체 내역(첨부1)은 피해 발생 사실을 명확히 입증합니다." 라고 기재하시면 됩니다.

"○○○○. ○○. ○○.자 통화 녹취록(첨부2)에서 피의자가 범행을 시인하였으므로, 기존 불송치 결정은 재고되어야 합니다." 라고 기재하시면 됩니다.

"경찰 수사보고서(첨부3)에는 목격자 진술이 누락되어 있으나, 새로 확보한 진술서(첨부4)를 통해 사건의 실체가 보다 명확해졌습니다." 라고 기재하시면 됩니다.

바. 주장에 직접 연결되는 구체적 사실, 수치, 증거자료를 반드시 활용

각 데이터가 왜 중요한지, 기존 결정과 어떻게 다른지를 논리적으로 설명하는 것이 좋습니다.

자료의 출처 및 취득 경위를 명확히 밝히는 것이 좋습니다.

새로운 증거나 미 반영된 자료가 있다면 반드시 이의신청서에서 강조하여야 합니다.

이렇게 팩트와 데이터를 체계적으로 활용하면, 이의신청서의 설득력과 검사의 이의신청 수용 가능성이 크게 높아집니다.

팩트와 데이터를 이의신청서나 수사심의신청서에 활용할 때는 논리적이고 체계적인 형식으로 작성하는 것이 매우 중요합니다. 다음과 같은 형식을 따르면 설득력과 신뢰도를 높일 수 있습니다.

가. 항목별로 구분하여 명확하게 작성

주장(사유) → 팩트(사실관계) → 데이터(증거자료) → 자료의 의미 및 관련성

각 주장을 번호 또는 소제목으로 구분하고, 그 아래에 해당하는 사실과 증거자료를 구체적으로 제시합니다.

나. 표나 목록 활용

자료 목록 표

제출하는 증거자료를 표로 정리하면 한눈에 보기 쉽고, 각 자료의 취득 경위와 내용을 명확히 전달할 수 있어 아주 좋습니다.

다. 자료별로 관련성 설명

각 증거자료가 이의신청 사유와 어떻게 연결되는지 별도의 문단이나 표로 설명하는 것이 좋습니다.

예시 -

"첨부1 계좌이체 내역서는 피해 금 1억 원이 피의자 계좌로 송금된 사실을 입증합니다.

첨부2 통화 녹취록에는 피의자가 범행을 시인하는 발언이 포함되어 있어, 불송치 결정의 근거가 부족함을 보여줍니다." 라는 식으로 기재하면 좋습니다.

라. 취득 경위 및 미제출 사유 기재

각 자료가 언제, 어디서, 어떻게 확보되었는지, 불송치 결정 이전에 제출하지 못한 사유가 있다면 함께 기재합니다.

예시 형식

1. 사유

피해 금 송금 사실 -

사실관계 : ○○○○. ○○. ○○. 신청인이 피의자에게 1억 원을 송금함.

증거자료 -

계좌이체 내역서(첨부1)

관련성 : 해당 내역서는 실제 피해 금이 송금되었음을 객관적으로 입증함.

2. 사유

피의자 범행 시인

사실관계 : ○○○○. ○○. ○○.피의자와의 통화에서 범행을 시인함.

증거자료

통화 녹취록(첨부2)

관련성 : 녹취록에는 피의자가 범행을 인정하는 내용이 포함되어 있어, 불송치 결정의 근거가 부족함을 보여줌. 이라는 식으로 정리하고 설명하는 것이 좋습니다.

실제사례 최신서식

수 사 심 의 신 청 서

사 건 번 호 : ○○○○년 형제○○○○호 사기죄

신 청 인 : ○ ○ ○

전남 지방경찰청장 귀중

수 사 심 의 신 청 서

1. 신청인

성 명	○ ○ ○	주민등록번호	생략
주 소	전라남도 강진군 강진읍 ○○로 ○○○, ○○○호		
직 업	개인사업	사무실 주 소	생략
전 화	(휴대폰) 010 - 5467 - 0000		
기타사항	이 사건 고소인 겸 수사심의신청인입니다.		

2. 당해 사건 내용

사건번호	○○○○년 형제○○○○호
죄 명	사기죄
결정 내용	편파수사로 인한 담당 수사관 교체

3. 수사심의신청 이유

수사심의 신청인(이하, 앞으로는 '고소인'이라고 줄여 쓰겠습니다)은 피고소인 ○○○(이하, 다음부터 '피의자'라고 하겠습니다)을 ○○○○. ○○. ○○.전남 강진경찰서 ○○○○년 형제○○○○호 사기죄로 고소한 사건에 관하여 수사를 담당한 수사관 경사 ○○○은 ○○○○. ○○. ○○. ○○:○○ 제1회 진술조사 시 신청인이 사실관계를 입증하기 위하여 증인 ○○○을 불러 진술을 받는다든가 고소인, 피의자, 증인 ○○○을 상대로 대질조사를 해달고 요구하였으나 완강히 거부하고 피의자의 진술만으로 충분히 사실관계를 이미 파악하였다는 등 편파수사를 한 사실이 있으므로 전남지방경찰청장에게 아래와 같이 수사심의 신청을 하오니 공정한 수사가 될 수 있도록 적절한 조치를 취하여 주시기 바랍니다.

- 아 래 -

1. 이 사건의 실체

가. 고소인은 ○○○○. ○○. ○○. 피의자를 강진경찰서에 사기죄로 고소하였는 바 그 고소의 요지는 다음과 같습니다.

피의자는 ○○회사 ○○디앤씨라는 상호로 건축업에 종사하는 자이며, 고소인은 ○○○○. ○○. ○○.부터 ○○○○. ○○. ○○.까지 피의자의 승용차 운전기사로 재직하였던 바, 피의자는 고소인 명의로 전남 강진군 강진읍 ○○로 ○○,에 소재한 ○○상호신용금고에서 신용대출을 받아 쓴 뒤 ○개월 이내로 대출금 전액을 상환하여 고소인에게 피해가 발생하지 않게 할 의사나 능력이 없으면서도, ○○○○. ○○. ○○. 고소인에게 고소인의 명의로 대출을 받아 주면 ○개월 이내에 대출금 전액을 상환하여 주겠으며 고소 외 김○○의 소유부동산도 담보로 제공되니 염려가 없다고 속여, 이 말을 믿은 고소인으로 하여금 위 ○○상호신용금고에서 금 ○,○○○만원을 신용대출 받게 하여 이를 피의자가 사용한 후, 약정기일까지 불입하지 않고 고소인으로 하여금 대위변제하게 하여 동액 상당의 재산상 이익을 편취한 것입니다.

나. 피의자는 ○○○○. ○○. ○○. ○○:○○ 제1회 진술조사시 수사관 ○○○의 면전에서 ○○○○. ○○. ○○. 위 ○○상호신용금고로터 고소인 명의로 금 ○,○○○만원이 대출받는 사실과 대출금을 고소인이 사용하지는 아니한 사실을 인정하는 진술하면서 이와 관련하여 고소인이 피의자가 이 사건 범죄행위자로 지목하여 고소한데 대하여, 피의자는 범행을 부인하면서 자신이 돈을 쓰려고 고소인에게 명의를 빌려달라고 부탁한 것이 아니라 고소 외 현○○으로부터 금원을 대출받아 달라는 부탁을 받고 자신은 금융거래불량자라 대출을 받을 수 없기에 동 현○○에게 고소인을 소개만 하여 주었을 뿐 나머지 일들은 이들 사이에 이루어진 것이며 대출금 역시 동 고소 외 현○○이 사용하고 변제하지 아니한 것이라고 진술하고 있습니다.

2. 증인의 필요성

가. 피의자가 고소 외 현○○으로부터 금원을 대출받아 달라는 부탁을 받았으나 자신이 금융거래불량자로서 대출을 받을 수 없었으므로 고소 외 현○○에게 고소인을 소개하여, 고소인 명의로 금 ○,○○○만원을 대출을 받아 위 금액 모두를 위 현○○에게 입금하였는데, 그 후 위 현○○이 위 대출금을 변제하지 아니하고 있는 것으로 거짓진술을 하고 있습니다.

나. 따라서 피의자는 치의사실과 다르게 위 금원에 대한 지급을 보증하는 보증인의 위치에 있었을 뿐이므로, 피의자에게 보증 채무에 의한 민사상 채무불이행 책임이 인정됨은 별 론으로 하더라도 피의자가 고소인을 속이고 이 사건 금원을 편취한 것이라고 인정하기 어려운 거짓진술을 하고 있습니다.

다. ○○○○. ○○. ○○. 위 ○○상호신용금고로터 고소인 명의로 금 ○,○○○만원이 대출되었고, 동 대출금을 고소인이 사용하지는 아니한 사실은 분명합니다. 이와 관련하여 고소인이 피의자가 이 사건 범죄행위자로 지목하여 고소한데 대하여, 피의자는 범행을 부인하면서 자신이 돈을 쓰려고 고소인에게 명의를 빌려달라고 부탁한 것이 아니라 고소 외 현○○으로부터 금원을 대출받아 달라는 부탁을 받고 피의자는 금융거래불량자라 대출을 받을 수 없기에 고소 외 현○○에게 고소인을 소개만 하여 주었을 뿐 나머지 일들은 이들 사이에 이루어진 것이며 대출금 역시 고소득 외 현○○이 사용하고 변제하지 아니한 것이라고 거짓진술을 하고 있습니다.

라. 그러나 고소인은 피의자를 범죄행위자로 지목하여 고소하였고 이를 뒷받침하는 고소인의 피해 진술 외에도 피의자가 범행을 자인하는 취지의 각서도 제출하였으므로 이 사건 수사를 담당하는 수사관 경사 ○○○은 이들 자료를 믿지 아니하고 피의자가 둘러대는 거짓말을 일방적으로 믿으려면 그럴만한 합리적인 이유가 있어야 할 것이나 진술 그 어디에서도 그 이유를 찾아 볼 수 없고 피의자가 둘러대는 거짓진술만 있습니다.

마. 이러한 경우 수사를 담당하는 수사관 경사 ○○○으로서는 금융거래불량자라고 자인하는 피의자의 변소만을 만연히 취신 할 것이 아니라 위 현○○을 불러 조사하고 필요하면 현○○과 피의자 또는 고소인을 포함한 3자간의 대질신문을 하여 진실을 가려내야 합니다. 그러함에도 불구하고 이러한 조치를 취하지 아니한 채 피의자가 보증인에 불과하고 범죄행위자가 아니라고 단정하여 고소인이 요구한 위 현○○을 불러 진술을 받거나 또는 진실을 밝히기 위해서 현○○과 피의자 또는 고소인을 포함한 3자간의 대질신문을 하여 진실을 가려달라고 요구하였으나 수사관 경사 ○○○은 이를 완강히 거절하였습니다.

바. 고소인이 그 이후 위 현○○은 ○○○○. ○○. ○○. 찾아가 확인하는 과정에서 피의자의 변소와는 정반대로 이 사건 행위자는 피의자이고 대출금도 피의자가 모두 인출하여 사용하였다는 취지로 진술함으로써 현○○을 상대로 사실관계의 진술을 받지 않고 이대로 피의자의 거짓진술만 믿고 판단할 경우 자의적이었음을 확인시켜 주고 있는 것이므로 위 현○○을 증인으로 불러 증인진술을 받거나 현○○과 피의자 또는 고소인을 포함한 3자간의 대질신문을 통하여 진실을 가려야 하므로 증인의 필요성이 인정됩니다.

3. 수사미진

가. 이 사건 수사를 담당한 수사관 ○○○은 위와 같이 피의자를 단순한 보증인에 불과하다고 단정함으로써 고소인이 주장하는 피의자의 기망행위에 대한 조사를 아래와 같이 소홀히 하였습니다.

(1) 고소인이 증거로 제출한 등기부등본의 기재에 의하면 고소인 주장처럼 이 사건 대출과 관련하여 고소 외 김○○ 소유의 부동산이 담보로(근저당권설정)제공되어 있는 사실을 확인할 수 있습니다. 그러나 동 근저당권설정은 제3번으로 이미 그 이전인 ○○○○. ○○. ○○.에 제1번(채권 최고액 3억 9천만 원), ○○○○. ○○. ○○.에 제2번(채권최고액 6,500만 원)이 설정되어 있는 등 불과 ○개월여 사이에 3번의 근저당권이 설정되고 선순위의 피담보채권이 고액이라 과연 이 사건 대출에 담보여력이 있을지 의문이 가는 사정이므로 피의자가 이 부동산을 담보로 제공하고 고소인을 안심시킨 경위와 그 담보가치 등에 대한 조사를 하여 피의자의 기망행위 여부를 수사를 담당한 수사관 경사 ○○○은 수사했어야 합니다.

(2) 또한 대출금이 입금된 통장과 그 입출금의 시점, 통장명의자와 관리자 등 경위를 조사함으로써 이 대출금의 실제 사용자가 피의자인지 여부도 수사하였어야 함에도 수사를 담당한 수사관 ○○○은 이 부분의 수사 또한 전혀 하지 않았습니다.

(3) 나아가 ○개월 안에 대출금을 모두 상환하여 주겠다며 염려 말라고 하면서 이름을 빌려달라고 하여 대출받았음에도 이를 변제하지 아니한 것은 당시 변제할만한 능력이 피의자에게 없으면서 거짓말을 한 것인지, 만일 당시에 변제할 능력이 있었다고 한다면 변제하지 아니한 이유가 무엇인지, 대출 후 ○년여가 지나도록 이자 한 푼 변제하지 아니한 특별한 사유가 있는지 등에 대하여도 조사하여 피의자에게 기망행위가 있었는지 여부를 수사를 담당한 수사관 ○○○은 수사했어야 합니다.

나. 이상과 같이 이 사건의 수사를 담당한 수사관 ○○○은 마땅히 해야 할 수사를 게을리 하고 일방적인 증거판단만으로 고소인의 면전에서 피의자는 보증인에 불과하지 범죄행위자가 아니라는 주장은 수사와 증거판단에 있어 중대한 잘못을 범한 것이자 소추기관으로서 수사를 담당한 수사관 ○○○의 의무를 게을리 한 것으로서 현저히 자의적인 수사미진이라 하지 않을 수 없어 담당 수사관의 수사행태를 바로 잡고자 이 건 신청에 이른 것입니다.

4. 결론

가. 결국 신청인은 담당 조사관 경사 ○○○의 편파수사 또는 수사미진으로 인하여 현재 그 권리구제에 있어 심대한 어려움을 겪고 있습니다.

나. 따라서 상급기관인 전남지방경찰청에서 신청인에 대한 편파수사로 인한 수사미진의 상태가 바로 잡히도록 수사심의 신청서를 제출하오니 강진경찰서에 적절한 지휘·감독권을 행사하여 담당 수사관을 교체하거나 수사부서의 재지정 등의 조치를 취하여 주실 것을 간곡히 요청 드립니다.

4. 수사심의신청 결과통지서 수령방법

종류	서면 / 전화 / 팩스 / 전자우편 / 문자메시지

5. 소명자료 및 첨부서류

1.   1통

1. 증인 현○○의 연락처

○○○○ 년 ○○ 월 ○○ 일

위 신청인 : ○○○ (인)

전남 지방경찰청장 귀중

(7) 수사심의신청서2 실제 사례 최신서식

경 찰 수 사 심 의 신 청 서

1. 신청인

성명 : 홍길동

주민등록번호 : ○○○○○○-○○○○○○○

연락처 : ○○○-○○○○-○○○○

주소 : 강원도 강릉시 ○○로길 ○○○, ○○○○동 ○○○○호

2. 사건 내용

사건번호 : ○○○○년 형제○○○○호 사기 등

관할 경찰서 : 강원 강릉경찰서

담당 수사관 : 경제1팀 경위 ○○○

위 고소인은 ○○○○. ○○. ○○. 강원 강릉경찰서 사기 등 피의사건의 피해자로서 다음과 같이 수사심의신청을 합니다.

3. 신청취지 및 사유

가. 고소인은 강원 강릉경찰서에 위 사건에 관한 고소장을 ○○○○. ○○. ○○. 에 접수하여 ○○○○. ○○. ○○. 고소 보충진술을 마친 바 있습니다. 또한 고소인은 관련 입증자료 및 사실관계 기술, 법리적 구성을 보강한 고소인 의견서를 작성하여 접수하기도 하였습니다.

나. 그런데 위 고소장 접수일로부터 약 3개월 가까이 경과한 현 시점까지 피의자에 대하여 제1회 피의자 신문조차 행해지지 않았습니다. 이에 관하여 고소인은 담당수사관에게 피의자 신문이 시행되지 않은 이유가 무엇인지 정중히 문

의하였는데, 담당수사관은 '우편으로 출석 요구서를 피의자에게 발송했는데 피의자가 오지 않고 있다' 는 취지로 답하였고, 이에 고소인은 전화 등 다른 방법에 의하여 출석 요구를 한 적은 없는지 재차 문의하였으나, 담당수사관은 '우편으로 출석 요구서를 발송했으니 기다리면 된다, 정 안 나오면 나중에 전화해보겠다' 는 식으로 대답하였습니다.

다. 그러나 고소인이 알기로 수사실무상 출석요구가 원칙적으로 출석요구서의 발부에 의하는 것이라고 하더라도, 필요한 경우 전화/모사전송/인편 등 상당한 방법으로 할 수 있음은 물론이고, 정당한 이유 없이 출석요구에 응하지 않는 것은 체포영장 청구의 사유가 된다 할 것입니다.

라. 또한 고소인의 본건 고소는 첨부한 고소인 의견서 내용과 같이 그 혐의사실이 인정될 경우, 그 죄질이 결코 가볍지 않은 사건이라 할 것이고(피의자가 편취 또는 횡령의 피해금액이 2억 원을 상회합니다), 피의자가 고소인의 피해금액을 포함한 관련 회사 자산을 빼돌릴 수 있는 상황이라 신속한 수사의 전개가 한 시가 급한 상황입니다.

그럼에도 본건 수사는 달리 피의자가 도주하여 다니는 상황도 아닌데, 고소장 접수일로부터 3개월이 되도록 피의자 조사조차 되지 않았을 정도로 현저히 수사지연이 발생하고 있습니다(고소인이 피의자를 상대로 제기한 민사소송에서는 법정에 잘도 출석하고 있습니다)

마. 실제로 피의자는 관련 민사사건(직무집행정지 가처분 사건)에서 관련 혐의에 관하여 자기는 경찰로부터 출석요구를 받지도 않았다고 진술한 적이 있는바(첨부1. 피의자의 준비서면 참조), 그것이 사실이라면 본건 수사에서 제대로 출석요구조차 되지 않은 것이 되어 심각한 직무해태가 성립된다고 하겠습니다(고소인은 그러한 피의자의 진술이 거짓이고 최소한 그 출석요구 정도는 제대로 되었기를 바랍니다)

바. 결국 고소인은 위 강원 강릉경찰서의 수사지연으로 인하여 현재 그 권리구제에 있어 심대한 어려움을 겪고 있는바, 상급기관인 강원도 지방경찰청에서 이러한 수사지연 상태가 바로 잡히도록 강원 강릉경찰서에 적절한 지휘 · 감독

권을 행사하여 주실 것을 간곡히 요청 드립니다.

이에 고소인은 경찰 수사의 적법성 · 공정성 · 적정성에 중대한 하자가 있다고 판단하여 수사심의위원회의 심의를 요청합니다.

4. 소명자료 및 첨부자료

1. 첨부1,   고소장

2. 첨부2,   준비서면

3. 첨부3.   고소인의 의견서

○○○○ 년 ○○ 월 ○○ 일

위 신청인(고소인) : 홍길동 (인)

강원 강릉경찰서장 강원도 지방경찰청장 귀중

경 찰 수 사 심 의 신 청 서

1. 신청인

성명 : 홍길동

주민등록번호 : ○○○○○○-○○○○○○○

연락처 : ○○○-○○○○-○○○○

주소 : 광주광역시 ○○구 ○○로 ○○○, ○○○○동 ○○○○호

2. 사건 내용

사건번호 : ○○○○년 형제○○○○호 사문서위조

관할 경찰서 : 광주광역시 ○○경찰서

담당 수사관 : 경제2팀 경사 ○○○

위 신청인(피고소인)은 ○○○○. ○○. ○○. 광주광역시 ○○경찰서 사문서위조 등 피의사건의 피의자로서 다음과 같이 수사심의신청을 합니다.

3. 신청취지 및 사유

가. 신청인(피고소인)은 광주광역시 ○○구 ○○로에 거주하는 ○○○으로부터 사문서위조 등의 혐의로 고소를 당하여 현재 광주광역시 ○○경찰서 조사계 경제2팀 수사관 경사 ○○○으로부터 수사 중에 있습니다.

나. 신청인은 ○○○○. ○○. ○○. 14:00 출석요구를 받고 피의자로서 신문을 받음에 있어 수사관 경사 ○○○이 조서를 작성하기도 전에 "당신 말이야 사문서위조 혐의로 고소당한 것 알지요" 라고 하므로 신청인은 고소인으로부터 위임을 받아 행한 일이라고 고소내용을 부인하였더니 조사도 받지 않고 내일

15:00에 다시 오라고 하여 그냥 돌아 온 사실이 있었습니다.

다. 신청인은 수사관 경사 ○○○의 태도가 아주 못마땅하여 수사관 경사 ○○○ 에게 전화를 걸어 변호사를 선임하여 조사를 받고자 한다는 취지를 알려주려 하였더니 자리에 없어서 15:30에 다시 전화를 걸었더니 퇴근해 버리고 없었 다는 다른 수사관의 전화를 받았는데 16;20에 수사관 경사 ○○○이 신청인 에게 전화를 걸어와 들어오라고 하므로 신청인은 변호사를 선임하여 조사를 받겠다고 하였더니 고소인이 들어와 있으니 당장 들어오라고 하기에 신청인 은 전날 조사도 받지 않고 큰소리를 치는 것이 못마땅하여 당신한테 조사를 받지 않겠다고 하였더니 들어오지 않으면 체포영장을 발부받아 강제동행하겠 다고 하고는 전화를 끊었습니다.

라. 다시 전화를 하여 반말로 부모 나이인 신청인에게 "너 들어 온나." "안 들어 올거냐." 라고 계속 반말을 하는 것으로 보아 이는 분명 편파수사로 상당한 불이익이 있을 것으로 예상되는바 담당 수사관을 교체하여 주시기 바라면서 상급기관인 광주광역시 지방경찰청에서 이러한 인권침해적인 수사관 행태와 편파수사를 바로 잡히도록 적절한 지휘ㆍ감독권을 행사하여 주실 것을 간곡 히 요청 드립니다.

이에 신청인은 경찰 수사의 적법성ㆍ공정성ㆍ적정성에 중대한 하자가 있다고 판단하여 수사심의위원회의 심의를 요청합니다.

4. 소명자료 및 첨부자료

1. 첨부1.   고소장

2. 첨부2.   전화통화 요지

3. 첨부3.   진술서

○○○○ 년 ○○ 월 ○○ 일

위 신청인(피고소인) : 홍길동 (인)

광주 ○○경찰서장 광주광역시 지방경찰청장 귀중

(9) 수사심의신청서4 실제 사례 최신서식

경 찰 수 사 심 의 신 청 서

1. 신청인

성명 : 홍길동

주민등록번호 : ○○○○○○-○○○○○○○

연락처 : ○○○-○○○○-○○○○

주소 : 대구광역시 ○○구 ○○로길 ○○○, ○○○○동 ○○○○호

2. 사건 내용

사건번호 : ○○○○년 형제○○○○호 사기

관할 경찰서 : 대구광역시 ○○경찰서

담당 수사관 : 경제2팀 경장 ○○○

위 신청인(피고소인)은 ○○○○. ○○. ○○. 대구광역시 ○○경찰서 사기 등 피의사건의 피의자로서 다음과 같이 수사심의신청을 합니다.

3. 신청취지 및 사유

가. 신청인이 ○○○○. ○○. ○○. 14:00에 출석하여 담당 수사관 경장 ○○○으로부터 조사를 받는 과정에서 사건 장소에 입회하고 참석한 증인 ○○○(휴대전화번호)의 연락처를 불러주고 소환하여 물어봐 달라고 요구하였으나 담당 수사관 경장 ○○○은 이를 완강히 거부하여 편파수사를 하였습니다.

나. 담당 수사관 경장 ○○○은 고소인 조사를 받았는데 고소인의 주장이 맞다 왜 고집을 부리고 있냐, 돈을 돌려주지 않느냐며 고소인에게 돈을 돌려주지 않으면 처벌 을 받는다는 말을 스스럼없이 하는 것을 볼 때 이는 분명 고소

인으로부터 청탁을 받은 것으로 의심할만한 구체적인 사유로 공정한 수사를 기대할 수 없으므로 상급기관인 대구광역시 지방경찰청에서 이러한 편파수사의 행태가 바로 잡히도록 적절한 지휘 · 감독권을 행사하여 주실 것을 간곡히 요청 드립니다.

이에 신청인은 경찰 수사의 적법성 · 공정성 · 적정성에 중대한 하자가 있다고 판단하여 수사심의위원회의 심의를 요청합니다.

4. 소명자료 및 첨부자료

1. 첨부1,   고소장 사본

2. 첨부2,   차용증서

3. 첨부3.   확인서

○○○○ 년 ○○ 월 ○○ 일

위 신청인(피고소인) : 홍길동 (인)

대구 ○○경찰서장 대구광역시 지방경찰청장 귀중

경 찰 수 사 심 의 신 청 서

1. 신청인

성명 : 홍길동

주민등록번호 : ○○○○○○-○○○○○○○

연락처 : ○○○-○○○○-○○○○

주소 : 충청남도 예산군 ○○로 ○○○, ○○○호

2. 사건 내용

사건번호 : ○○○○년 형제○○○○호 사기

관할 경찰서 : 충남 예산경찰서

담당 수사관 : 경제1팀 경사 ○○○

위 신청인(피고소인)은 ○○○○. ○○. ○○. 대구광역시 ○○경찰서 사기 등 피의사건의 피의자로서 다음과 같이 수사심의신청을 합니다.

3. 신청취지 및 사유

(1) 신청인이 ○○○○. ○○. ○○. 15:00에 충남 예산경찰서 조사계 경제1팀에 출석하여 담당 조사관 경사 ○○○로부터 조사를 받으면서 신청인이 이 사건과 관련하여 입회한 사람이 있으니 증인 ○○○(휴대전화번호)을 불러 조사해 달라고 정식으로 요청하였으나 담당 조사관 경사 ○○○은 증인요청을 아무런 이유도 없이 완강히 거부하였습니다.

(2) 이어서 담당 조사관 경사 ○○○은 신청인에게 큰소리로 고소인이 사람이 좋으니 찾아가 용서를 구하라며 합의할 것을 종용하는 등 사건과 결부시켜 노

골적으로 고소인을 두둔하고 편파수사를 하여 더 이상 공정한 수사를 기대할 수 없다고 판단되므로 공정한 수사를 위해 담당 조사관의 교체와 수사부서의 재지정이 필요하여 이건 신청에 이른 것입니다.

이에 신청인은 경찰 수사의 적법성 · 공정성 · 적정성에 중대한 하자가 있다고 판단하여 수사심의위원회의 심의를 요청합니다.

4. 소명자료 및 첨부자료

1. 첨부1,   고소장 사본

2. 첨부2,   차용증서

3. 첨부3.   목격자진술서

○○○○ 년 ○○ 월 ○○ 일

위 신청인(피고소인) : 홍길동 (인)

충남 예산경찰서장 충남도 지방경찰청장 귀중

불 송 치 결 정 이 의 신 청 서

사 건 번 호 : ○○○○년 형제○○○○호 상해죄

신 청 인 : ○ ○ ○

전남 목포경찰서장 귀중

불 송치 결정 이의신청서

1.신청인

성 명	○ ○ ○	주민등록번호	생략
주 소	전라남도 폭포시 ○○로 ○○○, ○○○호		
직 업	상업	사무실 주 소	생략
전 화	(휴대폰) 010 - 4589 - 0000		
기타사항	이 사건 고소인 겸 이의신청인입니다.		

2.경찰 결정 내용

사건번호	○○○○년 형제○○○○호
죄 명	상해죄
결정 내용	증거불충붐 혐의 없음(불 송치 결정)

3. 이의신청 이유

신청인(이하 '고소인'이라고 줄여 쓰겠습니다)은 피고소인 ○○○(이하 '피의자'라고 하겠습니다)을 ○○○○. ○○. ○○. 전남 목포경찰서 ○○○○년 형제○○○○호 상해죄로 고소한 사건에 관하여 목포경찰서 사법경찰관 경위 ○○○은 ○○○○. ○○. ○○. 피의자 ○○○에 대한 증거불충분 혐의 없음의 이유로 불송치 결정을 하였는바, 이 결정은 수사미진으로 인한 자의적인 판단으로 위법 또는 부당한 결정이므로 아래와 같이 이의신청을 제기하오니 다시 재수사를 요청하여 기소 여부를 판단해 주시기 바랍니다.

- 아 래 -

1. 이 사건의 개요

가. 고소인은 ○○○○. ○○. ○○. 피의자를 목포경찰서에 상해죄로 고소하였는바 그 고소의 요지는 다음과 같습니다.

피의자는 ○○○○. ○○. ○○. ○○:○○경 전라남도 목포시 ○○로 ○○, ○○앞에서 오른손 주먹으로 피해자의 안면부를 수회 폭행하고, 바닥에 쓰러진 피해자의 다리와 몸을 발로 수회 걷어 차 얼굴 열상, 반상출혈 등으로 약 3주간 치료를 요하는 상해를 가하였습니다.

나. 목포경찰서 사법경찰관 경위 ○○○은 ○○○○. ○○. ○○. 피의자의 고소인에 대한 상해 혐의에 대하여 증거불충분 혐의 없음 불송치 결정을 하였는데, 그 피의사실의 요지는 다음과 같습니다.

2. 이 사건의 실체

(1) 고소인의 상해피해 증거

이 사건 수사를 담당한 사법경찰관 경위 ○○○은 사건 직후 고소인의 상처를 촬영한 신체사진과 상해진단서의 증명력을 배척하고 상해혐의를 인정할 증거가 불충분하다고 판단하였으나, 신체사진과 상해진단서의 증명력을 배척할 합리적인 이유가 없고, 목격자 한○희가 고소인에 대한 재물손괴 죄의 재판에서 증인으로 출석하여 피의자가 고소인을 때렸다고 명백하게 증언을 하는 등 상해 혐의를 뒷받침할 증거가 충분합니다.

(2) 사법경찰관의 자의적인 판단

고소인이 제출한 상처 사진 및 상해진단서는 고소인이 상해를 입었다는 점에 대한 증거가 될 뿐 피의자의 폭행으로 인하여 발생한 상처임을 직접 입증할 수는 없다. 고소인은 손괴혐의는 부인하면서 피의자로부터 일방적으로 폭행을 당하였다고만 주장하고, 고소인은 당시 만취상태였으므로 주장 자체의 신빙성이 떨어진다.

목격자 한○희는 둘이 밀치고 당기는 것을 보았다고 진술할 뿐이고, 피의자가 고소인을 폭행할 동기를 찾을 수 없는 점을 고려하면, 피의자의 혐의를 인정할 만한 증거가 부족하다는데 있습니다.

(3) 증거관계

(가) 고소인과 피의자는 일면식도 없이 ○○○○. ○○. ○○.부터 페이스북으로만 연락하는 사이었다가 사건 발생 전날 처음 만나 술을 마셨습니다. 피의자는 ○○○○. ○○. ○○. ○○:○○부터 다음 날 새벽 ○○시까지 고소인과 같이 소주 2병, 맥주 2병의 술을 마신 후 고소인을 택시 승차하는 곳까지 데려다 주었으나 고소인은 택시를 타지 않고 자신이 구입한 물품을 가져가려고 다시 피의자와 함께 피의자의 승용차가 주차된 곳으로 되돌아왔습니다.

(나) 고소인은 자기 핸드폰을 찾지 못하겠다며 전화를 걸어 찾겠다고 피의자의 핸드폰을 건네받았는데, 그 후 고소인이 피의자의 핸드폰이 작동하지 않는다고 하자 피의자는 핸드폰을 뺏으려는 등 서로 실랑이를 벌였습니다.

(다) 출동한 경찰관이 작성한 수사보고서에는 ○○병원 보안 팀에서 근무하는 한○희가 경찰관에게 전화로 "병원 밖에서 여자의 비명소리가 나는 것을 듣고 나가보니 남자와 여자가 서로 핸드폰을 잡고 뺏기지 않으려는 듯 핸드폰을 잡은 채 당기고 밀치고 있는 상황이었다. 여자가 신고를 해달라고 부탁해서 경찰에 신고했다."고 진술하였다고 기재되어 있습니다.

(라) 고소인은 ○○○○. ○○. ○○. ○○:○○경 후배 고소 외 손○현에게 전화를 걸어 "아니 내가 맞았으니까 피가 나잖아, 지금. 계속 이 사람한테 맞았으니까. 날 때렸어, 계속 길에서." 폭행했어 라고 말하였습니다.

(마) 고소인과 피의자는 목포경찰서 ○○지구대로 임의 동행되어 휴대전화와 차량의 각각 재물손괴와 상해 혐의로 조사를 받았습니다. 피의자는 고소인이 피의자의 ○○승용차 문짝을 굽이 높은 구두를 신고 있던 발로 차 승용차 문짝 일부를 찌그러뜨리고 피의자의 고소인의 핸드폰을 땅에 집어던져 액정이 파손되게 하였다고 진술하고, 자신은 상해를 가한 사실이 없다고 부인. 고소인은 피의자가 고소인에게 욕설을 하며 폭행하였고, 고소인은 이로 인해 오른쪽 눈가가 찢어지고, 치아 윗부분이 깨지고, 입술이 터졌으며, 오른팔이 까지고 부었다고 진술하고, 자신은 피의자의 승용차나 핸드폰을 손괴한 사실이 없습니다.

(바) 한○희는 ○○○○. ○○. ○○. 고소인에 대한 재물손괴 죄의 공판절차에 증인으로 출석하여 "○○병원 응급실 앞 인도에서 여자 비명소리가 들려서 보니까 남자와 여자가 다툼을 하고 있었다. 남자가 여자를 때리는 것을 목격하고 다가가서 여자를 때리면 어떻게 하느냐고 남자를 제지했고, 여자는 경찰도움을 받고 싶어 해서 112에 범죄 신고하였다. 당시 여자의 눈썹 위쪽에 작은 찰과상 정도 있었다."고 진술하였습니다.

고소인이 피의자의 승용차를 손괴하였는지에 대하여는 "고소인이 피의자의 차를 일부러 차지는 않았다. 차 바로 옆에서 싸움을 하고 있었고, 여자가 핸드폰을 뺏으려고 하다가 조수석 문 쪽에 넘어지면서 스쳤던 것 같고, 정확히 발로 차는 장면을 본 것은 아니다."고 진술하였습니다.

3. 이의신청의 요지

(1) 만취 부분 수사미진

① 이 사건 수사를 담당한 사법경찰관 ○○○은 불송치이유에서 고소인이 당시 마신 술의 양이 많아서 어떻게 맞았는지 전반적인 사정을 기억하지 못하고, 현장을 목격한 주차요원의 진술을 종합하여 만취상태였다고 보았습니다.

② 고소인은 당시 만취상태이지 않았습니다. 고소인은 평소 주량이 일반 여성의 평균을 상회하는 소주 2병이라고 진술하였습니다. 사건 당시 전날 ○○시부터 다음 날 새벽 ○○시까지 오랜 시간 동안 마신 것을 감안하면, 남성인 피의자와 둘이 소주 2병, 맥주 2병을 나누어 마신 것은 고소인이 반을 마셨다고 해도 고소인의 평소 주량에 비해 과도한 양이라고 보기에 의문이 있습니다.

③ 술자리가 파한 후 고소인은 물품이 피의자 승용차에 보관되어있음을 기억하고 이를 가져가겠다면서 되돌아왔고, 사건 발생 직후에도 고소인은 후배에게 전화를 걸어 당시 상황을 설명하는 등, 거동이 힘들 정도로 취하거나 인사불성이 된 사정은 보이지 않습니다.

④ 따라서 기록상 사정만으로는 고소인이 만취상태였음을 단정할 수 없으므로, 이에 관하여 사법경찰관 경위 ○○○은 고소인의 만취상태를 더 수사해보고 판단하였어야 합니다.

(2) 상해진단서 부분

① 피해자(고소인)가 제출한 상해진단서는 곧 피의자의 범죄행위로 인하여 발생한 것이라는 사실을 직접 증명하는 증거가 되기에 부족한 것이지만, 제3자로부터 폭행을 당하거나 의사가 허위로 진단서를 작성하는 등의 특별한 사정이 없는 한 피해자의 진술과 더불어 상해 사실에 대한 유력한 증거가 되고, 합리적인 이유 없이 그 증명력을 함부로 배척할 수 없습니다(대법원 2011. 1. 27. 선고 2010도12728 판결 참조).

② 고소인이 입은 상처를 보면, 사진 상으로 볼 때 고소인의 오른쪽 눈 옆이 찢어져 출혈이 있고, 상해진단서에 의하면 고소인은 안면부 열상, 타박상, 부종으로 3주간 치료를 요하는 상해를 입었으며, 눈가가 찢어진 것에 대한 변연절제술 및 일차봉합술을 받았으므로 상처의 정도를 볼 때 단순히 술에 취해 비틀거리다가 땅에 부딪혀 얼굴에 찰과상을 입은 것이라 할 수 없습니다.

③ 고소인은 입술이 찢어지고 팔, 옆구리 등 전신에 걸쳐 타박상을 입었는데 입술이나 옆구리는 넘어져서는 다치기 힘들고, 타박상이 광범위하게 나타나고 있어 누군가로부터 맞아서 발생한 상처라고 보는 것이 경험칙에 부합합니다. 게다가 사법경찰관 경위 ○○○은 목격자 한○희가 "핸드폰을 뺏기지 않으려고 밀치고 당기는 상황이었다."고만 진술하여 고소인의 재물손괴 혐의를 뒷받침할 증거는 피의자 소유의 승용차와 핸드폰에 손괴한 흔적이 있는 사진과 피의자 진술뿐이었음에도 불구하고 고소인의 재물손괴 혐의를 인정하였다. 승용차와 핸드폰의 피해사진으로는 고소인의 재물손괴 혐의를 증명할 수 있다고 보면서 고소인의 신체사진과 상해진단서에 대해서는 피의자의 상해혐의를 증명할 수 없다고 본 것은 동일한 증명력을 지닌 피해 증거에 대하여 반대로 판단한 것이므로 위법 또는 부당합니다.

(3) 폭행의 동기 부분

① 피의자가 고소인을 때릴 동기에 관하여 보더라도, 피의자는 고소인이 자신의 승용차와 핸드폰을 손괴한 것에 화가 나 고소인을 때리거나, 적어도 자기 핸드폰을 되찾기 위해 고소인을 세게 밀칠 수 있는 상황이었습니다.

② 목격자 한○희에 대한 조사는 경찰이 그와 전화를 통화하여 당시 상황에 대해 물었더니 "남자와 여자가 서로 핸드폰을 잡고 뺏기지 않으려는 듯 핸드폰을 잡은 채 당기고 밀치고 있는 상황이었다."는 수사보고뿐인데, 사건의 구체적인 진전 상황을 더 이상 조사하지 아니한 이 수사보고서는 피의자가 고소인을 때리지 아니하였다고 확정할 증거가 되지 못합니다.

(4) 목격자의 수사미진 부분

   ① 목격자에 대한 수사미진은 위 증거관계에서 한○희가 고소인에 대한 재물 손괴 죄의 공판절차에서 증인으로 출석하여 피의자가 고소인을 때리는 것 을 목격하고 고소인의 부탁으로 112에 범죄 신고하였다고 증언한 것에서 더욱 분명하게 인정됩니다.

(5) 소결

   따라서 사법경찰관 경위 ○○○은 목격자 한○희를 상대로 피의자가 고소인을 때리는 것을 보았는지, 고소인이 스스로 넘어지거나 부딪힌 것인지, 고소인은 피의자의 폭행에 어떻게 대응하였는지, 고소인은 만취상태였는지 등 당시의 자세한 사정을 확인하기 위하여 보완수사를 실시하였어야 합니다.

   그럼에도 불구하고 사법경찰관 경위 ○○○은 위와 같은 조치를 취하지 아니 한 채 경찰로부터 기록을 송치 받은 후 아무런 추가 조사 없이 증거불충분 혐 의 없음의 이유로 불송치 결정을 한 것은, 그 결정에 영향을 미친 중대한 수 사미진에 따른 자의적인 판단이므로 이는 위법 부당하다 아니할 수 없습니다.

4. 결론

   그렇다면 수사를 담당한 사법경찰관 경위 ○○○은 고소인과 피의자 모두 이 사건 수사과정에서 두 사람 사이의 폭행혐의 목격자가 있으므로 여러 가지 사 정에 비추어 볼 때, 이 사건 불송치 결정을 하기 이전에 위 관련 사건관계인을 상대로 참고인으로 소환·조사했어야 합니다.

   그러나 사법경찰관 경위 ○○○은 이 사건에 관하여 당연히 의심을 갖고 조사 하여야 할 중요한 사항을 조사하지 아니하는 등 수사가 미진한 상태에서 피의 자에 대한 상해혐의 인정할 수 없다는 취지로 불송치 결정을 한 것은 위법 또 는 부당한 결정이므로 다시 사법경찰관에게 수사가 미진한 부분에 대한 재수사 를 하게하고 최종적으로 기소 여부를 결정해야 한다고 사료되어 이 사건 이의 신청에 이른 것입니다.

4.이의신청 결과통지서 수령방법

종류	서면 / 전화 / 팩스 / 전자우편 / 문자메시지

5.소명자료 및 첨부서류

(1) 수사결과 통지서(고소인 등 불 송치)   1통

○○○○ 년 ○○ 월 ○○ 일

위 신청인 : ○○○ (인)

전남 목포경찰서장 귀중

불 송 치 결 정 이 의 신 청 서

사 건 번 호 : ○○○○년 형제○○○○호 업무상횡령 등

신 청 인 : ○ ○ ○

서울 남대문경찰서장 귀중

불 송치 결정 이의신청서

1.신청인

성 명	○ ○ ○	주민등록번호	생략
주 소	서울시 ○○구 ○○로 ○○, ○○○-○○○호		
직 업	상업	사무실 주 소	생략
전 화	(휴대폰) 010 - 8734 - 0000		
기타사항	이 사건 고소인 겸 이의신청인입니다.		

2.경찰 결정 내용

사건번호	○○○○년 형제○○○○호
죄 명	업무상횡령죄, 업무방해죄
결정 내용	혐의 없음(불 송치 결정)

3. 이의신청 이유

신청인(이하'고소인'이라고 줄여 쓰겠습니다)은 피고소인1 ○○○(이하'피의자1' 이라고 하겠습니다), 피고소인2 ○○○(이하'피의자2'라고 하겠습니다)을 ○○○ ○. ○○. ○○. 서울 남대문경찰서 ○○○○년 형제○○○○호 업무상횡령죄, 업무방해죄로 고소한 사건에 관하여 담대문경찰서 사법경찰관 경위 ○○○은 ○○○○. ○○. ○○. 피의자1, 피의자2에 대한 혐의 없음의 이유로 불 송치 결정을 하였는바, 이 결정은 수사미진으로 인한 위법 또는 부당한 결정이므로 아래와 같이 이의신청을 제기합니다.

- 아 래 -

1. 이 사건의 개요

가. 고소인은 ○○○○. ○○. ○○. 피의자1, 피의자2를 남대문경찰서에 업무상횡령죄, 업무방해죄로 고소하였는바 그 고소의 요지는 다음과 같습니다.

나. 고소인은 피의자1 박○진, 피의자2 박○정을 업무상 횡령죄 및 업무방해죄로 각 고소하였는데, 그 고소사실의 요지는,

피의자1 박○진, 피의자2 박○정은 ○○○○. ○○. ○○.부터 ○○○○. ○○. ○○.까지 서울 중구 남대문로○가 ○○의 ○ 소재 ○○○지하상가에 있는 ○○전산실 직원으로서 위 회사의 물품판매 및 대금수금 등 업무에 종사하던 자들인 바, 공모하여,

(1) ○○○○. ○○. ○○.부터 같은 해 ○○.경까지 수회에 걸쳐 불상의 장소에서 위 회사를 위하여 업무상 보관하고 있던 물품납품 대금 ○○○,○○○,○○○원을 임의 소비하여 이를 횡령하고,

(2) 위 남대문 점포에서

(가) ○○○○. ○○. ○○.경 위 점포의 업무용 대표전화인 ○○-○○○-○○

○○ 전화를 사용하지 못하게 하기 위하여 피의자1 박○진 명의의 ○○-○○○-○○○○ 전화를 개설하여 거래처 등에 그 번호로 전화할 것을 통지하여 위계로써 고소인의 업무를 방해하고,

(나) 같은 달 ○○. 위 점포에 있던 인터폰의 선을 뽑아 위 점포와 고소인 운영의 서울 ○○구 ○○로에 있는 ○○전산 간의 인터폰 통화를 불가능하게 하여 위력으로써 고소인의 업무를 방해하고,

(다) 같은 달 ○○. 및 같은 해 ○○. ○○. 고소인이 회계장부 검사를 위해 보낸 고소인 회사의 직원인 고소 외 유○봉, 같은 노○옥의 위 남대문 점포 출입을 막아 위력으로써 고소인의 업무를 방해하였습니다.

다. 이 사건 수사를 담당한 남대문경찰서 사법경찰관 경위 ○○○은 ○○○○. ○○. ○○.위 고소사건에 대하여 각 혐의 없음의 불송치 결정을 하였습니다.

2. 이의신청의 요지

가. 피의자들에 관한 업무상 횡령의 점 및 ○○○○. ○○. ○○.업무방해의 점에 대하여,

(1) 이 사건 점포의 소유관계,

먼저, 이 사건 업무상 횡령 내지 업무방해죄 성부의 기초가 되는 위 ○○전산 점포(이하,'이 사건 점포'라 합니다)의 소유관계에 관하여 고소 외 박○영의 진술, 같은 유○봉의 진술, 같은 정○재의 진술, 피의자들의 진술 중 이 사건 점포 개업 당시 고소인이 공동으로 투자하였다는 취지의 진술, 피의자1 박○정의 진술 중 자신이 사채를 끌어서 회사에 투입한 금원 등 이 사건 점포와 관련하여 고소인과 사이에 결산되지 않은 금액이 있고 그 이전의 거래처와의 미수금 등이 서로 얽혀 있어서 동업의 형태로 한 것이라는 취지의 진술, 그리고 사업자등록증 사본, 점포임대차계약서 사본, 고소인 명의의 기업은행 통장(계좌번호 : ○○-○○○-○○○○-○○○) 거래내역 사본 및 우리은행 통장(계좌번호 : ○○○-○○-○○○○○○) 거래내역 사본, 고소인의 처인 고소 외 오○이 명의의 기업은행 통장(계좌번호 : ○○-○○○○

○○-○○-○○○) 사본, 고소외 최○선 작성의 확인서의 각 기재내용 등을 종합하면, (가) 고소인은 컴퓨터주변기기 등의 제조, 판매업을 운영하는 자이고, 피의자들은 고소인의 외조카들로서 남매지간인바, 고소인은 ○○○○년경부터 서울 ○○구 ○○로1가에서 ○○전산(이하, '용산점포'라 합니다)이라는 상호로 컴퓨터주변기기 등의 제조, 판매업을 운영하던 중 ○○○○. ○○. ○○.경 이 사건 점포를 개설하였고, 피의자1 박○진은 ○○○○. ○○. ○○.자신의 명의로 위 남대문점포의 사업자등록을 하고 피의자2 박○정과 공동으로 위 점포를 실질적으로 운영하였으며, 양 점포는 결산을 통합하여 운영된 사실, (나) 고소인이 고소 외 권○식과 이 사건 점포에 관하여 임대차계약을 체결할 무렵인 ○○○○. ○○. ○○. 그리고 위 권○식으로부터 이 사건 점포에 관한 임차권을 양수하고 양수 금을 지급하기로 한 ○○○○. ○○. ○○.무렵인 ○○○○. ○○. ○○. 및 같은 달 ○○. 고소인 내지 고소 외 오○이 명의의 위 통장에서 임대차보증금 내지 양수 금 상당의 금원이 각 인출된 사실, (다) 고소인은 이 사건 점포의 직원인 고소 외 유○봉, 같은 박○영을 고용하여 월급을 지급하였고, 피의자들 역시 고소인으로부터 월급을 받은 사실 등을 인정할 수 있습니다.

위와 같은 사실에 의하면 특별한 사정이 없는 한 이 사건 점포의 사업자등록이나 분양자 명의가 피의자1 박○진으로 되어 있기는 하나 이 사건 점포의 소유자는 고소인입니다.

피의자들은 고소인이 고용한 자들로서 이 사건 점포의 관리를 맡고 있는 것이므로 적어도 동업관계로 볼 여지가 있는 바, 그럼에도 불구하고 사법경찰관 경위 ○○○은 이러한 부분에 대하여는 충분히 조사하지 아니하고 다만 피의자들이 이 사건 점포를 실질적으로 운영하여 왔다는 점만을 지적한 채 이 사건 수사를 마치고 불송치 결정을 하고 말았습니다. 그러나 사법경찰관 경위 ○○○이 한 불송치 결정은 다음에서 지적하는 점들과 관련하여 사법경찰관으로서는 당연히 의심을 갖고 조사하여야 할 중요한 사항을 조사하지 아니한 채 불송치 결정을 한 것은 수사미진의 잘못이 있습니다.

(2) 업무상 횡령의 점에 대하여,

이 사건 점포가 고소인 단독의 소유인 경우는 말할 것도 없거니와, 고소인 과 피의자들이 동업관계에 있다 하더라도 동업자 사이에 손익분배의 정산이 되지 아니하였다면 동업자의 한 사람이 임의로 동업자의 합유에 속하는 동업재산을 처분할 권한이 없는 것이므로, 피의자들이 이 사건 점포의 재산을 보관하던 중 임의로 소비하였다면 횡령한 금액 전부에 대하여 횡령죄의 죄책을 부담하게 됩니다(대법원 1982. 9. 28. 선고 81도2777 판결; 대법원 2000. 11. 10. 선고 2000도3013 판결 등 참조).

따라서 이 사건 점포의 일계표 사본 및 당시 업무용 통장으로 사용하던 고소인 명의의 위 기업은행 통장 사본과 피의자1 박○진 명의의 국민은행 통장(계좌번호 : ○○-○○○-○○○○-○○○) 사본의 각 기재내용을 대조하여 보면 ○○○○. ○○. ○○.부터 같은 해 ○○.까지 이 사건 점포의 입출금내역 상 상당액의 차액이 발생하였음을 알 수 있고, 여기에 고소 외 박○영의 진술, 피의자1 박○정의 진술 중 이 사건 점포와 관련하여 고소인과 사이에 결산되지 않은 금액이 있다는 취지의 진술 등을 보태어 보면, 이러한 경우 사법경찰관 경위 ○○○으로서는 피의자들이 이 사건 점포의 재산을 임의로 처분한 것이 아닌가 하는 의심을 충분히 가질 수 있습니다.

그럼에도 불구하고, 사법경찰관 경위 ○○○은 위와 같은 사정은 충분히 살펴보지 아니한 채, 단지 고소인이 주장하는 횡령액이 점차 줄어들고 있다는 점을 지적하며 단순히 장부상의 계산이 맞지 않는다는 이유만으로는 피의자들의 횡령사실을 입증하기에 부족하다고 하면서, 결국 피의자들의 변소만을 받아들여 업무상 횡령의 범죄혐의를 인정하지 아니하여 불송치 결정을 한 것은 증거에 대한 자의적인 판단 내지 수사미진에 기인한 것으로 밖에 보이지 않습니다.

(3) ○○○○. ○○. ○○. 업무방해의 점에 대하여,

형법 제314조 제1항의 업무방해죄에 있어서 위력이라 함은 법인의 위세,

사람 수 및 주위의 상황에 비추어 피해자의 자유의사를 제압하기에 족한 세력을 말하는 것이고 현실적으로 피해자의 자유의사가 제압된 것을 요하는 것은 아니라 할 것이며(대법원 1987. 4. 28. 선고 87도453,87감도41 판결 참조), 이와 관련하여 대법원은 점포에서 영업을 못하도록 단전조치를 취한 경우에 형법 제314조 제1항의'위력'을 인정한 바 있습니다(대법원 1983. 11. 8. 선고 83도1798 판결 참조).

따라서 이 사건 기록에 의하면 피의자들이 이 사건 점포에 설치된 인터폰의 선을 뽑아 이 사건 점포와 용산 점포 사이의 인터폰 통화를 불가능하게 한 사실이 인정되고, 이 인터폰은 두 점포의 운영과 관련하여 고소인의 중요한 통신수단이므로 위와 같은 사실이 인정됨에도 불구하고 위와 같은 행위만으로는 위력 등을 사용하였다고 보기 어렵다고 본 사법경찰관 경위 ○○○의 불송치 결정은 위와 같은 판례의 태도에 비추어 업무방해죄에 관한 법리오해 내지 수사미진에 기인한 것으로 보여 집니다.

(4) 소결론

그렇다면 이 사건 고소사실 중 업무상 횡령 및 ○○○○. ○○. ○○. 업무방해의 점에 관한 사법경찰관 경위 ○○○의 불송치 결정은 자의적인 수사권 행사로서 그 결정에 영향을 미친 중대한 법리오해, 수사미진이나 증거판단의 잘못이 있다 할 것입니다.

3. 결론

사법경찰관 경위 ○○○이 피의자1 박○진, 피의지2 박○정에 관한 업무상 횡령의 점 및 ○○○○. ○○. ○○. 업무방해의 점에 대하여 한 불송치 결정은 수사미진으로 이 사건은 진실을 제대로 가리지 못한 것으로 고소인이 앞에서 지적한 여러 가지 점에 대하여 피의자 등 이해관계인 및 관계자료 등을 철저히 조사하였더라면 사건이 더욱 명료해졌을 것임에도 불구하고 당연히 의심을 갖고 조사해야 할 중요한 사항에 대하여 조사를 전혀 하지 아니한 채 피의자의 변소만을 믿은 나머지 객관적인 증거를 배척하고 자의적인 증거판단을 함으로써 현저히 정의와 형평에 반하는 수사 및 결정을 하고 말았습니다.

그러므로 사법경찰관 경위 ○○○가 한 이 사건 불송치 결정은 수사를 다하지 않은 채 자의적인 판단으로'혐의 없음'불송치 결정을 한 것이므로 위법 또는 부당할 수밖에 없어 다시 사법경찰관으로 하여금 그에 관한 재수사를 하게하고 최종적으로 기소 여부를 판단하여야 한다고 사료되어 이 사건 이의신청에 이른 것입니다.

4.이의신청 결과통지서 수령방법

종류	서면 / 전화 / 팩스 / 전자우편 / 문자메시지

5.소명자료 및 첨부서류

(1) 수사결과 통지서(고소인 등 불 송치)   1통

○○○○ 년 ○○ 월 ○○ 일

위 신청인 : ○○○ (인)

서울 남대문경찰서장 귀중

수 사 중 지 결 정 이 의 제 기 서

사 건 번 호 : ○○○○년 형제○○○○호 위증죄

신 청 인 : ○ ○ ○

전라북도 경찰청장 귀중

수 사 중 지 결 정 이 의 제 기 서

1. 신청인

성 명	○ ○ ○	주민등록번호	생략
주 소	전라북도 순창군 순창읍 ○○로 ○○, ○○○호		
직 업	개인사업	사무실 주 소	생략
전 화	(휴대폰) 010 - 9844 - 0000		
기타사항	이 사건 고소인 겸 이의제기 신청인입니다.		

2. 경찰 결정 내용

사건번호	○○○○년 형제○○○○호
죄 명	위증죄
결정 내용	수사중지 결정

3. 이의신청 이유

신청인(이하 '고소인' 이라고 줄여 쓰겠습니다)은 피고소인 ○○○ (이하 '피의자' 라고 하겠습니다)을 ○○○○. ○○. ○○. 전라북도 순창경찰서 ○○○○년 형제○○○○호 위증죄로 고소한 사건에 관하여 전라북도 순창경찰서 사법경찰관 경위 ○○○은 ○○○○. ○○. ○○. 피의자에게 수사중지 결정을 하였는바, 이는 부당하므로 다음과 같이 이의신청을 제기합니다.

- 다 음 -

1. 사건의 개요

가. 피의자는 ○○○○. ○○. ○○. ○○:○○경 전주지방법원 남원지원 형사합의부 법정에서 위 지원 ○○○○고합○○○○호 피고인(고소인)에 대한 상해치사 사건의 증인으로 출석하여 재판장 ○○○앞에서 선서한 다음, 사실은 고소인이 고소 외 김○선을 때려 동인이 뒤로 넘어진 것이 아니고, 피의자도 이를 목격한 사실이 없음에도"그때 형부인 위 김○선과 피고인(고소인)이 싸우면서 5-6동 통로 쪽으로 가고 증인은 말리면서 4-5미터 정도의 거리를 두고 따라가다가 중간에 멈춰 서서 그쪽을 주시하고 있었더니 피고인(고소인)이 뒤로 한발 물러서면서 오른손으로 위 김○선을 때려 동인이 뒤로 넘어지는 것을 보았고, 피고인(고소인)은 처음 경찰조사 시에는 때렸다고 하다가 증인이 두 번째로 경찰서에 갔을 때 피고인(고소인)이 말하기를 나가서 알아보니까 때렸다고 하면 불리하다고 하면서 그 다음부터는 안 때렸다고 하였다"라고 기억에 반하여 허위의 공술을 함으로써 위증을 하여 고소인은 피의자를 위증죄로 ○○○○. ○○. ○○. 고소하였습니다.

나. 사법경찰관 경위 ○○○은 이 사건을 수사한 후 ○○○○. ○○. ○○. 다음과 같은 이유로 수사중지 결정을 하였습니다.

○ 피의자는 위증의 범의를 극구 부인하면서 고소인이 오른손으로 위 김○선을 때려 동인이 뒤로 넘어지는 것을 분명히 목격하였으며, 또한 고소인이 사법경찰관의 면전에서 2차 조사를 받을 때 보니 때렸다는 것을 시인하면 불리하기 때문에 경찰관에게 조서내용을 고쳐 달라고 말하는 것을 들었기 때문에 사실대로 증언한 것뿐이라고 변명하고, 고소 외 박○자(피의자의 언니)에 대한 증인신문조서 및 고소인에 대한 1회 피의자신문조서의 각 기재도 피의자의 변명에 부합하며 고소 외 이○식, 김○율에 대한 각 증인신문조서의 기재는 피의자의 변명을 뒤집을 자료가 되지 않고, 피의자를 소환하여 진술을 받아야 하는데 피의자의 소재를 파악할 수 없어 수사중지 결정을 한다는데 있습니다.

2. 이 사건의 중요한 쟁점

가. 고소인이 위 김○선(이하 '피해자'라 한다)을 때려서 피해자가 뒤로 넘어진 것인지, 피해자가 넘어질 때 피의자가 어느 위치에 있었고 피의자가 과연 피해자가 넘어지는 순간을 목격하였고 피의자가 과연 피해자가 넘어지는 순간을 목격하였는지의 여부에 달려 있습니다.

나. 다툼이 없는 사실

○ 명백하게 인정되는 사실은 위 피해자가 뒤로 넘어질 때 '퍽'하는 소리를 내며 후두부를 아스팔트에 부딪친 점, 그때 현장과 현장부근에 있었던 사람은 피해자, 그의 부인인 박○자, 그의 동서인 손○섭, 그의 처제인 피의자, 그리고 고소인 5인이었다는 점, 사인이 후두부다발성함몰골절로 인한 심폐정지인 점, 피해자의 인중에 5바늘을 꿰맬 정도로 기역자 모양의 약간의 열상이 있는 점, 고소인의 우측 중지에 교상과 열창 및 찰과상이 있는 사실입니다.

다. 피의자의 상반되는 주장

○ 피의자는 위 상해치사사건의 법정에서 "피고인(고소인)이 뒤로 한발 물러서면서 손으로 쳤는데 오른손으로 정확하게 때렸습니다. 그때 형부(피해자)가 앞에 맞고 그냥 뒤로 넘어졌습니다"라고 주장하고, 그에 반하여 고소인은 당시 피해자를 피하여 뒷걸음질로 물러서고 있었을 뿐 고소인이 피해자를

때려서 피해자가 넘어진 것이 아니라 피해자가 고소인을 발로 차려 하다가 고소인이 뒤로 물러서자 피해자가 헛발질을 하면서 피해자의 몸이 붕 떴다가 뒤로 넘어지며 머리를 아스팔트 바닥에 부딪쳤다고 주장합니다.

따라서 위의 인정된 사실에 기하여 피의자와 고소인의 주장에 부합하는 듯한 자료들을 중심으로 말씀 드리겠습니다.

라. 피의자의 주장에 부합하는 듯한 자료들에 관하여

○ 피해자의 인중에 난 열상과 고소인의 우측 중지에 난 교상·열창·찰과상 및 위 상해치사사건의 증인 박○자, 그리고 위 1심 증인 안○호의 증언은 피의자의 주장에 일응 부합하는 듯하나 이는 위 쟁점과는 상관이 없거나 신빙성이 없습니다.

즉 피해자의 인중에 난 열상과 고소인의 우측 중지에 난 교상·열창·찰과상을 연관시켜 보면 고소인이 우측 주먹으로 피해자의 인중부위를 가격하여 생긴 상처들이라 의심할 수 있고 그렇다면 고소인의 가격으로 인하여 피해자가 뒤로 넘어진 것이라고 의심할 수 있을 것이므로 위 상처들은 일응 피의자의 주장에 부합하는 자료들이라고 볼 수도 있으나, 피해자가 고소인을 때리기 위하여 고소인 쪽으로 밀어 붙여가고 고소인은 뒤로 피하면서 다투던 상황이었으므로 이러한 자세에서 피해자가 고소인의 가격에 의하여 뒤로 넘어지려면 바른 자세에서 가격당할 때보다는 훨씬 강한 가격에 의하여서만이 뒤로 넘어질 수 있을 것이며, 피해자의 인중에 난 상처 만으로서는 그만한 강도의 가격이라고는 단정하기 어렵고, 적어도 피해자의 코나 치아에 이상이 있을 정도여야 할 것으로 보여 집니다.

그러나 피해자의 코나 치아는 정상이었던 것으로 인정되고, 고소인의 우측 중지의 상처는 피해자와 고소 외 손○섭이가 합세하여 고소인과 실랑이를 할 때에 생긴 상처임이 인정되므로(위 교상은 피해자와 손○섭 중 한 사람의 소행으로 생긴 것이라고 보여 집니다) 문제의 위 각 상처들은 서로 관련이 없는 것으로 인정됩니다.

따라서 위 상처 등 자료들은 피의자의 주장에 부합하는 것이 아니라 위 쟁점과는 무관한 자료들에 불과한 것입니다.

마. 위 박○자의 증언에 관하여

○ 동인의 증언 중 피해자가 뒤로 넘어지는 순간을 목격하지 못하였다는 부분은 위 쟁점과는 무관하고, 동인이 피의자의 남편인 손○섭과 ○○자동차 부근에 있었는데 피의자는 그 부근과, 피해자와 고소인이 다투던 현장의 중간지점에 있었다는 부분은 다음에서 보는 위 상해치사사건 증인 송○배의 증언에 비추거나 피해자가 그의 남편일 뿐 아니라 피의자의 친언니인 점에 비추어 믿기 어렵다고 할 것입니다.

바. 위 1심 증인 안○호의 진술은 다음에서 보는 바와 같이 위 쟁점에 관하여 아무런 도움이 되는 자료가 되지 못합니다.

사. 피의자의 경찰·검찰·법정진술은 모두 일관성이 결여되어 신빙성이 없습니다.

피의자의 진술은 위 사건 항소심(○○○○노○○○○호 상해치사사건) 판결에서 지적한 바와 같이 이 사건 직후 경찰에서 자신은 최초에 시비가 된 곳으로부터 서로 엉켜서 다투는 피해자와 고소인을 쫓아가 그들로부터 4-5미터 떨어진 곳에서 보았는데 고소인이 어느 손인지는 모르나 주먹으로 피해자의 얼굴을 때렸다고 진술하다가 검찰 및 1심 법정에서는 위와 같이 고소인이 오른손으로 정확하게 때렸다는 취지로 진술하였고, 특히 검찰에서는 피해자가 조금 비틀하면서 뒤로 넘어졌다고 진술하다가 위 1심 법정에서는 피해자가 앞에 맞고 그냥 뒤로 넘어졌다고 진술하여, 오히려 나중에 한 진술이 더 구체성을 띠고(이는 피해자의 인중에 난 상처와 고소인의 우측 중지에 난 상처를 관련시켜 진술한 것으로 보여 집니다) 일관되지 못하여 신빙성이 전혀 없습니다.

피의자는 위 2심 법정에서도 고소인이 정확히 몇 대를 가격하였는지는 모르나 자신이 기억하는 것은 피해자가 쓰러지는 순간의 구타행위이고 피해자가 쓰러진 후 자신은 "형부, 형부"라고 부르기만 했을 뿐 위와 같이 쓰러진 피해자에게 달려가 그의 상태를 확인하거나 구호를 요청한 사실도 없고 고소인에게 항의 등을 한 일도 없다고 진술하고 있는 바 이는 가까이서 형부인 피해자가 고소인으로부터 구타를 당하여 뒤로 "퍽" 소리를 내며 쓰러지는 것을 직접 보았다는 사람의 행동으로서는 도저히 이해할 수 없는 처사이며, 그 당시의 상황 즉 한쪽에서는 고소인과 피해자가 시비를 하고 다른 한쪽에서는 그 시비의 발단이 된 위 손○섭이가 위 시비에 재차 끼어들려고 하는 것을 막기 위하여 ○○승용차(위 시비현장에서 20여 미터 떨어진 곳에 주차되고 있었습니다)에 태우려고 승강이를 하던 상황이나 다음에서 보는 위 상해치사사건의 증인 송○배의 증언 등에 비추어 싸움현장에 가까이 다가가서 고소인이 피해자를 때리는 장면과 곧이어 피해자가 중심을 잃고 뒤로 넘어지는 장면을 정확하게 보았다는 피의자의 주장은 이를 그대로 믿기는 어렵다고 할 것입니다.

아. 고소인의 주장에 부합하는 듯한 자료들에 관하여

○ 위 1심 및 2심 법정에서의 증인 송○배의 증언 및 동인의 경찰·검찰에서의 진술, 검찰 및 위 1, 2심 법정에서의 증인인 의사 안○호, 위 1심 법정에서의 의사 노○부의 증언과 위 2심의 무죄판결, 대법원의 무죄확정판결은 고소인의 주장에 부합됩니다.

(1) 위 송○배는, 위 상해치사사건 경찰조사 시에 사건현장부근 아파트 ○○○호실에서 비디오를 보다가 밖에서 싸우는 소리가 들려 안방(사건현장과 30여 미터 떨어졌다)의 창문을 열고 내려다보았는데 한쪽에서는 아주머니 2명이 덩치가 큰 남자 1명을 위 승용차에 태우려고 하고 있었고, 다른 한쪽에서는 단둘이 뭐라고 실갱이를 하다가 피해자가 약 40내지 50센티미터 가량 붕 뜨는 것 같았고 고소인은 뒤로 물러나는 것 같았는데 그때 "퍽" 소리가 나면서 피해자가 쓰러지는 것을 보았다고 진술하였고, 위 1심 및 2심 법정에서도, 거리가 멀고 어두워서 싸움을 하던 두 사람 사이의 구체적인 거리나 동작은 잘 모르겠으나 피해자가 약간 뜨는 것 같더니 넘어지는 순간 고소인은 뒤로 물러나는 것 같았고, 어떤 아주머니가 싸움현장에 가까이 와서 말린 사실도 없고

피해자가 넘어질 때 그 자리에는 고소인과 피해자 둘 밖에 없었으며 여자 2명은 남자 1명을 ○○승용차에 태우려는 것 같았다고 진술하고 있어 경찰진술 이래 위 2심 법정까지의 진술이 일관되고 있음을 인정할 수 있습니다.

따라서 특단의 사유가 없는 한 동인의 진술에 신빙성이 있음을 인정할 수 있고, 동인의 위 진술내용은 위 피해자가 뒤로 넘어지는 순간에 여자인 피의자와 위 박○자, 남자인 위 손○섭 3인은 ○○승용차 부근에 있었을 뿐 피의자가 피해자가 넘어진 지점 부근에는 없었다는 것이므로 이 점에서 피의자의 위 진술내용은 허위이고 고소인의 주장이 사실에 부합된다고 할 것입니다.

(2) 위 안○호는, 검찰에서, 피해자의 두개골골절형상으로 볼 때 피해자는 정확히 후면으로 상당한 충격을 받고 넘어진 것이었고 그 정도의 충격으로 넘어지려면 누가 정면에서 갑자기 밀었거나 타격을 가해야만이 생길 수 있는 상처였으며 따라서 당시 피해자는 정면에서 어떤 외부충격을 받고 무방비상태에서 뒤로 발랑 넘어진 것으로 판단이 되고 발길질을 하다가 뒤로 넘어져서 피해자와 같은 두개골골절이 발생할 가능성은 거의 없다고 진술하며 위 1심 법정에서, 사람이 뒤로 넘어진다면 본능적으로 보호기능이 발동되어 손을 땅바닥에 짚는다든지 충격을 최소화 하기 위한 동작을 해서 피해자와 같은 두개골골절이 생길 가능성이 거의 없다고 진술하고 있어, 일응 그의 검찰 및 위 1심 법정진술이 피의자의 주장에 부합하는 듯하나, 동인은 위 2심 법정에서 피해자는 두개골골절상외에도 인중에 열상이 있었는데 정상적인 두피를 가진 피해자의 결정적인 사인은 후두부다발성함몰골절이고 이는 어떤 외부적인 강한 충격을 받고 넘어져 생길 수도 있지만, 넘어지는 사람의 몸무게, 키, 신체조건과 운동기능, 넘어지는 원인, 형태, 과정 등에 따라서는 외부적 충격 없이 스스로 넘어지더라도 강한 충격을 받은 만큼 상처를 입을 수도 있다고 진술하고 있으므로 고소인의 주장에 상반되는

바가 없고, 동인의 진술은 어느 진술이나 가능성에 관한 진술에 불과할 뿐 피해자가 뒤로 넘어진 원인이나 과정에 관하여서는 직접증거가 될 수 없어 위 쟁점에는 무관한 자료에 불과합니다.

그러나 이는 위 송○배의 진술과 더불어 피의자의 주장이 사실에 반함을 증명할 자료로 충분하다고 할 것입니다.

(3) 위 노○부의 위 1심 법정진술은, 고소인의 우측 중지에 난 상처가 경미한 교상·열창·찰과상이라는 내용으로서 고소인이 피해자와 위 손○섭이가 합세하여 고소인과 실랑이를 벌이던 이 사건 발단 초기에 그 중 한 사람으로부터 자신의 우측 중지를 물리었다(교상)는 고소인의 주장에 부합하고 비록 위 열창과 찰과상의 생긴 과정에 관한 직접증거가 될 수는 없을 지라도 그 상처들이 경미하다는 점과 찰과상이 있는 점과 이 사건 발단초기에 피해자와 위 손○섭이가 고소인의 멱살을 잡거나 뒤에서 목을 껴안는 등 합세하여 고소인과 실랑이를 벌였던 점에 비추어 보면, 이는 고소인의 주장을 뒷받침하는 자료라 할 것입니다.

(4) 위 2심 및 대법원의 각 무죄판결의 일부 판시요지는 앞에서 본 바와 같이 피의자의 증언이 허위임을 전제로 하여 그 증언을 배척하였으므로 고소인의 주장에 부합됩니다.

자. 위에서 본 바와 같이 피해자가 고소인의 가격에 의하여 뒤로 넘어진 것이 아니라 피해자가 고소인에게 발길질을 하다가 고소인이 뒤로 물러서면서 피하자 피해자의 헛발질이 되어 피해자 스스로 넘어진 것이라 인정되고 피의자는 위 박○자와 함께 그의 남편을 위 ○○승용차에 태우려고 노력하다가 피해자가 쓰러지는 순간 그 현장을 목격하지 못하였음을 인정할 수 있습니다.

차. 그렇다면 사법경찰관 경위 ○○○은 증거법칙을 오해하였거나 자의로 증거판단을 잘못하였음이 명백하고 그로 인하여 수사중지 결정을 하였다 할 것입니다.

카. 가사 위와 같은 법리오해나 자의를 인정할 수 없다고 가정하더라도 앞서 본 피해자의 인중에 난 상처와 고소인의 우측 중지에 난 상처간의 연관성 유무, 관련이 있다면 피해자의 인중에 난 상처를 초래한 고소인의 가격이 피해자를

뒤로 넘어지게 하여 후두부다발성함몰골절을 초래하게 할 정도로 강하였는지의 여부, 피해자가 뒤로 넘어지는 순간을 객관적으로 목격한 유일한 목격자 (고소인, 피의자, 피해자, 위 박○자, 위 손○섭 5인은 이 사건 실랑이의 최초에 관련된 당사자이거나 그 친인척간입니다)인 위 송○배의 진술을 배척할만한 특별한 사유가 있는지 여부, 피의자가 일관되지 않는 진술을 하게 되는 배경 또는 이유 등을 면밀하게 조사 또는 추궁하는 등 수사를 다하였다면 앞서 본 증거법칙에 관한 오해나 자의적인 증거판단의 잘못을 범하지 아니하였을 것으로 보여 집니다.

타. 따라서 사법경찰관 경위 ○○○은 수사를 다하지 아니한 채 피의자가 소재가 불명하다는 이유로 이 사건 수사중지 결정을 하였습니다.

3. 결론

그러므로 사법경찰관 경위 ○○○는 피의자의 소재가 불명하다는 이유로 중요한 사항에 대한 조사를 소홀히 한 채 자의적인 증거판단을 함으로써 수사중지 결정을 한 것이므로 다시 전라북도 경찰청에서 사건의 재개를 지시하거나 사법경찰관을 교체하는 등 적정한 보완수사와 상응하는 재수사의 처분이 필요하다 할 것으로 사료되어 이의제기에 이른 것입니다.

4.소명자료 및 첨부서류

(1) 수사중지 결정 통지서   1통

○○○○ 년 ○○ 월 ○○ 일

위 신청인 : ○○○ (인)

전라북도 경찰청장 귀중

참고인중지 결정 이의제기서

사 건 번 호 : ○○○○년 형제○○○○호 사기죄

신 청 인 : ○ ○ ○

광주광역시 경찰청장 귀중

참고인중지 결정 이의제기서

1. 신청인

성 명	○ ○ ○		주민등록번호	생략
주 소	광주광역시 ○○구 ○○로 ○○, ○○○호			
직 업	개인사업	사무실 주 소	생략	
전 화	(휴대폰) 010 - 7678 - 0000			
기타사항	이 사건 고소인 겸 이의제기 신청인입니다.			

2. 경찰 결정 내용

사건번호	○○○○년 형제○○○○호
죄 명	사기죄
결정 내용	참고인중지 결정

3. 이의신청 이유

신청인(이하 '고소인' 이라고 줄여 쓰겠습니다)은 피고소인 ○○○(이하 '피의자' 라고 하겠습니다)을 ○○○○. ○○. ○○. 광주광역시 ○○경찰서 ○○○○년 형제○○○○호 사기죄로 고소한 사건에 관하여 ○○경찰서 사법경찰관 경위 ○○○은 ○○○○. ○○. ○○. 참고인중지 결정을 하였는바, 이는 부당하므로 다음과 같이 이의제기를 신청합니다.

- 다 음 -

1. 사건의 개요

가. 고소인은 ○○○○. ○○. ○○. 피고소인 김○미(이하, "피의자" 라고 합니다)를 광주광역시 ○○경찰서에 사기죄로 고소하였는데 그 요지는 다음과 같습니다.

피고소인은 광주광역시 남구 ○○로 ○○○, ○○○, 소재 ○○빌라 ○○○동 ○○○호 고소인의 집에서

(1) ○○○○. ○○. ○○.경 고소인으로부터 금원을 차용하더라도 이를 변제할 의사와 능력이 없음에도 불구하고 사업자금이 필요한데 돈을 빌려주면 월 5푼의 이율로 계산하여 원리금을 바로 상환하겠다고 거짓말하여 이에 속은 청구인으로부터 그 즉시 금 ○,○○○만 원을 교부받아 이를 편취하고,

(2) 같은 해 ○○. ○○.경 같은 방법으로 고소인을 속여 금 ○,○○○만 원을 교부받아 이를 편취하고,

(3) 같은 해 ○○. ○○.경 같은 방법으로 고소인을 속여 금 ○,○○○만 원을 교부받아 이를 편취하고,

(4) 같은 해 ○○. ○○.경 사실은 고소인으로부터 금원을 차용하더라도 그 자금으로 남해 하동에서 모래를 채취하여 건설회사에게 판매하여 이를 변제할

의사와 능력이 없음에도 불구하고 모래를 채취하는 사업을 하려고 하는데 자금이 부족하니 금 ○,○○○만 원을 빌려주면 금 ○,○○○만 원과 사업 이익의 40퍼센트를 지급하고 그간 지급하지 못한 차용금도 모두 지급하겠다고 거짓말하여 이에 속은 고소인으로부터 금 ○,○○만 원을 교부받아 이를 편취하고,

(5) 같은 해 ○○. ○○.경 전항과 같은 방법으로 고소인을 속여 교제비명목으로 금 ○,○○○만 원을 교부받아 이를 편취하고,

(6) 같은 해 ○○. ○○.경 변제할 의사가 전혀 없음에도 불구하고 고소인에게 금 ○○○만 원을 빌려주면 바로 변제하겠다고 거짓말하여 이에 속은 고소인으로부터 금 ○○○만 원을 교부받아 이를 편취하고,

(7) 같은 해 ○○. ○○.경 사실은 필리핀에서 보석을 수입하여 판매사 업을 할 의사가 없음에도 불구하고 고소인에게 필리핀에서 보석을 수입 판매하는 사업을 하려고 하는데 자금이 부족하니 금 ○,○○○만 원을 빌려주면 바로 변제하겠다고 거짓말하여 이에 속은 고소인으로부터 금 ○,○○○만 원을 교부받아 이를 편취하고,

(8) 같은 해 ○○. ○○.경 전항과 같은 방법으로 고소인을 속여 금 ○,○○○만 원을 교부받아 이를 편취하였습니다.

나. 이 사건 수사를 담당한 사법경찰관 경위 ○○○은 ○○○○. ○○. ○○. 참고인중지 결정을 하였습니다.

2. 참고인중지 결정의 이유 요지

가. 사법경찰관 경위 ○○○은 위 고소사실 중 제1항, 제2항, 제4항, 제7항 중 피고소인이 고소인으로부터 금 ○,○○○만 원을 교부받은 부분만을 피의사실로 확정한 다음 아래와 같은 이유로 참고인중지 결정을 하였습니다.

피고소인은 자기 명의의 약속어음을 고소 외 박○영에게 빌려주었는데 지급기일에 결제를 하지 아니하고 어음금을 대신 결제해 주면 바로 변제하겠다고

하므로 이를 믿고 고소인으로부터 금원을 차용하여 어음결제를 하였다. 그런데 피고소인은 박○명으로부터 어음금을 지급받지 못하여 고소인에게 차용금 변제를 못한 것이지 변제할 의사 없이 금원을 교부받은 것은 아니라고 변명하면서 박○영의 진술을 들어보면 사실을 알 수 있다고 주장한다. 따라서 피고소인의 변명은 박○영의 진술이 있어야 그 진상을 밝힐 수 있는데 현재 소재불명이므로 참고인중지 결정을 한다는데 있습니다.

3. 이의제기의 이유 요지

가. 고소사실 제1항·제2항에 관하여,

피고소인은 위 각 금원을 교부받은 사실을 대체로 시인하면서 그 경위에 관하여 고소 외 박○영이 피고소인의 어음을 빌려 사용하고 지급기일이 다가오자 피고소인에게 어음금을 대신 입금해 주면 바로 변제하겠다고 하기에 고소인으로부터 금원을 차용하여 입금한 것인데 위 박○영이 피고소인에게 변제하지 아니하는 바람에 고소인에게 변제하지 못한 것이지 차용금 명목으로 금원을 편취하기 위해 고소인을 속인 것은 아니라고 변명하고 있습니다. 따라서 위 박○영의 진술을 듣기 전에는 사실여부를 확인하기 어렵고 현재 소재불명이므로 사법경찰관 경위 ○○○은 참고인중지 결정을 한다는데 있습니다.

나. 고소사실 제3항에 관하여,

피고소인은 고소인으로부터 금 ○,○○○만 원이 아닌 금 ○,○○○만 원을 차용하였는데, 그 경위는 박○영으로부터 조만간 변제하겠다면서 어음금을 대신 결제해 달라는 부탁을 받고 고소인으로부터 금원을 차용하여 지급하였으나 박○영이 어음금을 변제하지 아니하여 고소인에게 변제를 하지 못한 것이라고 변명하고, 다만 고소인이 ○○군 ○○면 ○○로 소재 토지매입을 위해 금 ○,○○○만 원을 투자한 사실이 있는데 이는 차용금은 아니지만 고소인이 반환을 요구한다면 반환할 용의가 있다는 취지로 진술하고 있습니다.

위와 같이 교부된 금액 및 그 경위에 관하여 고소인과 피고소인의 주장이 서로 다르다면 사법경찰관으로서는 그 부분에 관하여 고소인과 피고소인을 대질 조사하는 등의 방법으로 교부된 금액 및 그 경위를 조사한 다음 범죄혐의 유무를 판단하고 결정하였어야 합니다. 그럼에도 불구하고 사법경찰관은 막연히 피고소인이 시인하는 금 ○,○○○만 원 차용부분만을 고소사실로 확정하고 참고인중지 결정을 하였습니다.

따라서 사법경찰관은 고소인이 주장하는 금 ○,○○○만 원의 편취여부에 관한수사를 다하지 아니 하였을 뿐만 아니라 금 ○,○○○만 원 중 금 ○,○○○만 원을 제외한 나머지 부분에 대한 판단을 유탈하였다고 볼 수밖에 없습니다.

다. 고소사실 제4항에 관하여,

피고소인은 금원을 교부받은 사실은 시인하면서도 그 경위에 관하여는 차용금 명목으로 받은 것이 아니라 모래 채취 개발을 위한 동업투자 금으로 받은 것이고 고소인에게 이를 반환하지 못한 것은 ○○○과 모래 채취 개발에 관한 동업계약을 체결하였는데 예상보다 모래 량이 적어 사업에 실패한 때문이라고 변명하고 있습니다.

금원의 교부경위에 관하여 고소인은 대차관계를 내세운 사기라고 주장하고 피고소인은 동업투자라고 주장하고 있어 당사자 간의 진술이 서로 엇갈리고 있습니다. 그렇다면 사법경찰관으로서는 대질 조사 등을 통하여 그 교부경위를 명확히 하고 모래 채취 개발에 관여한 자들을 조사하여 어느 쪽의 진술이 신빙성이 있는지를 가려서 범죄혐의 유무를 밝혔어야 합니다.

그럼에도 불구하고 사법경찰관은 금원의 교부경위 및 모래 채취 개발에 관여한 자들에 대한 조사를 전혀 하지 않은 채 모랴 체취 개발과는 아무런 관계가 없는 것으로 보이는 고소 외 박○영이 소재불명이라는 이유로 참고인중지 결정을 하였습니다.

따라서 사법경찰관 경위 ○○○의 범죄혐의 유무를 밝히기 위한 수사를 다하지 아니하였거나 증거를 자의적으로 판단한 허물이 있습니다.

라. 고소사실 제7항에 관하여,

피고소인은 위 각 금원을 차용한 사실을 시인하고 금원차용 이유는 이미 발행한 수표금의 입금을 위한 것이거나 필리핀에서 보석을 수입판매하기 위한 자금을 마련하기 위한 것이었다고 진술하면서 보석을 판매해서 얻은 수익금으로 변제하려 하였으나 사업에 실패하는 바람에 변제하지 못한 것이지 고소인의 금원을 편취하려 한 것은 아니라고 변명하고 있습니다.

그러나 사법경찰관은 이 부분에 관하여서도 앞에서 지적한 바와 같이 피고소인이 과연 보석판매사 업을 하였는지 여부에 관해 자세히 조사하지 아니하고 위와 같은 변명과 상관이 없는 고소 외 박○영의 소재불명을 이유로 참고인중지 결정을 하였으므로 이 부분에 관하여서도 사법경찰관 경위 ○○○은 범죄혐의의 유무를 밝히기 위한 수사를 다하지 아니하였거나 증거를 자의적으로 판단한 잘못이 있습니다.

마. 그렇다면 사법경찰관 경위 ○○○은 증거법칙을 오해하였거나 자의로 증거판단을 잘못하였음이 명백하고 그로 인하여 참고인중지 결정을 하였다 할 것입니다.

3. 결론

그러므로 사법경찰관 경위 ○○○는 참고인 ○○○의 소재가 불명하다는 이유로 중요한 사항에 대한 조사를 소홀히 한 채 자의적인 증거판단을 함으로써 참고인중지 결정을 한 것이므로 다시 광주광역시 경찰청에서 사건의 재개를 지시하거나 사법경찰관을 교체하는 등 적정한 보완수사와 상응하는 재수사의 처분이 필요하다 할 것으로 사료되어 이 사건 이의제기에 이른 것입니다.

4. 소명자료 및 첨부서류

(1) 참고인중지 결정 통지서   1통

○○○○ 년 ○○ 월 ○○ 일

위 신청인 : ○○○ (인)

광주광역시 경찰청장 귀중

참고인중지 결정 이의제기서

사 건 번 호 : ○○○○년 형제○○○○호 위조유가증권동행사

신 청 인 : ○ ○ ○

경기도 남부지방경찰청장 귀중

참고인중지 결정 이의제기서

1. 신청인

성 명	○ ○ ○		주민등록번호	생략
주 소	수원시 ○○구 ○○로 ○○, ○○○-○○○○호			
직 업	개인사업	사무실 주 소	생략	
전 화	(휴대폰) 010 - 2378 - 0000			
기타사항	이 사건 고소인 겸 이의제기 신청인입니다.			

2. 경찰 결정 내용

사건번호	○○○○년 형제○○○○호
죄 명	위조유가증권행사
결정 내용	참고인중지 결정

3. 이의제기 이유

신청인(이하 '고소인' 이라고 줄여 쓰겠습니다)은 피고소인 ○○○(이하 '피의자' 라고 하겠습니다)을 ○○○○. ○○. ○○. 경기도 화성시 ○○경찰서 ○○○○년 형제○○○○호 위조유가증권행사로 고소한 사건에 관하여 ○○경찰서 사법경찰관 경위 ○○○은 ○○○○. ○○. ○○. 피의자에게 참고인중지 결정을 하였는바, 이는 부당하므로 다음과 같이 이의를 제기합니다.

- 다 음 -

1. 사건의 개요

가. 고소인은 피고소인 김○배 외 2인(이하 각 '피의자' 라 하겠습니다)을 각 위조유가증권행사 등 혐의로 고소하였는바, 그 고소사실의 요지는 다음과 같습니다.

피고소인 김○길은 주식회사 ○○디앤씨(이하 '○○디앤씨' 라 합니다)의 대표이사인 자이고, 같은 윤○덕은 영업이사, 같은 김○배는 여신과장으로 있던 자들인바,

(1) 피고소인 김○배는

○○○○. ○○. ○○.경부터 ○○○○. ○○. ○○.경까지 사이에 고소인의 총무부장으로 있던 피고소인 조○성으로부터 지급지를 주식회사 ○○은행, 고소인을 발행인으로 하는 약속어음 ○○매(이하 '이 사건 어음들' 이라 합니다) 액면합계 금 ○○억 원의 할인을 의뢰받아 처리함에 있어, 사실 이 사건 어음들은 위 조○성이 고소의 대표이사의 명판 및 직인 등을 도용하여 임의로 발행한 위조어음들로서 적법하게 발행된 것이 아니라는 정을 알면서도 마치 정상적인 어음들인 양 할인하여 줌으로써 위 조○성의 위조유가증권행사를 방조하고(위조유가증권행사방조),

(2) 피고소인 김○길, 같은 윤○덕은 공모하여,

○○○○. ○○. ○○.경 고소인의 ○○다앤씨에 대한 기존 어음금채무의 지급을 담보하기 위하여 고소인으로부터 교부받아 보관하고 있던 발행인을 고소인, 지급지를 주식회사 ○○은행으로 하고 액면이 백지인 수표번호 마가 ○○○○○당좌수표(이하 '이 사건 수표' 라 합니다)에 관하여 보충권을 행사한 후 지급제시 함에 있어, 사실은 당시 고소인이 ○○디앤씨에 변제할 채무가 금 ○억 원에 불과함에도 불구하고, 액면금액란에 '금 ○○억 원'이라고 기재하여 보충권을 남용하는 방법으로 이 사건 수표 1매를 위조하고, 그 시경 이를 지급제시 함으로써 행사하였다(부정수표단속법위반, 위조유가증권행사).

나. 사법경찰관 경위 ○○○은 위 사건을 수사한 후 ○○○○. ○○. ○○.피고소인들 가운데, 피고소인 김○배에 대하여는 피고소인 최○수의 소재불명을 이유로 참고인중지의, 피고소인 김○길 및 같은 윤○덕에 대하여는 각 혐의 없음의 불송치 결정을 하였습니다.

2. 이의제기 요지

가. 먼저 피고소인 김○배에 대한 혐의사실인 위 '1. 가, (1)항' 기재 위조유가증권행사방조의 점에 관하여,

(1) 고소인은 피고소인이 이 사건 어음들의 위조된 정을 알면서도 피고소인 조○성(이하 '피고소인' 이라 합니다)의 할인요구에 응함으로써 위조유가증권행사를 방조하였다는 취지로 주장하고, 이에 대하여 피고소인은 자신은 고소인에 대하여 1차 부도가 발생한 ○○○○. ○○. ○○.경에 가서야 피고소인으로부터 이 사건 어음들이 위조된 것들이었다는 내용을 들어 비로소 알게 되었을 뿐, 피고소인의 범행에 가담하거나 이를 방조한 사실이 전혀 없다는 취지로 변소하고 있습니다.

(2) 이 사건 기록에 의하면,

(가) 피고소인이 ○○디앤씨의 여신과장으로 재직 중이던 ○○○○. ○○. ○

○.경부터 ○○○○. ○○. ○○.경까지 사이에 피고소인이 개인적 용도에 사용할 목적에서 이 사건 어음들인 약속어음 ○○매를 위조한 후 피고소인 최○수 등에게 배서를 부탁, 같은 피고소인 등의 명의로 ○○디앤씨에서 할인하고 피고소인이 영업과장으로 전보된 ○○○○. ○○. ○○.이후 같은 해 ○○. ○○.경까지 사이에도 약속어음 및 당좌수표 ○매를 같은 방법으로 추가 위조, 할인하는 등 ○○○○. ○○. ○○.경부터 ○○○○. ○○. ○○.경까지 사이에 고소인을 발행인으로 하는 약속어음 및 당좌수표 총 ○○매 액면합계 금 ○○억 원 상당을 위조한 후 이를 ○○디앤씨에서 할인한 사실,

(나) 위 어음수표 ○○매 가운데, ○○○○. ○○. ○○.경부터 같은 해 ○○. ○○.경까지 할인된 약속어음 ○매 액면합계 금 ○○억 원에 관하여는 고소인이 실제 피고소인으로부터 할인금을 받아 자신의 용도에 사용하였지만, 그 후 같은 해 ○○. ○○.경부터 ○○○○. ○○. ○○.경까지 할인된 약속어음 및 당좌수표 ○○매 액면합계 금 ○○억 원경우는 대부분 고소인이 위조, 할인한 어음의 지급기일을 연장하기 위한 일환에서 이른바 '연장대체'의 방식으로 순차 발행, 할인된 사실,

(다) 위와 같은 고소인의 어음수표 위조 등 행각이 발각됨에 따라 피고소인이 유가증권위조 등 혐의(○○지방검찰청 ○○○○년 형제○○○○호)로 수차에 걸쳐 조사를 받고 그로부터 약 ○년이 경과한 후 다시 이 사건으로 조사를 받는 과정에서 "상황이 수습할 수 없을 정도로 악화됨에 따라 ○○○○. ○○. ○○.경 피고소인에게 괴로움을 토로하면서 그동안 할인한 어음들이 사실은 위조된 것들이라는 내용을 알려 주었으며, 피고소인과 상의한 결과 곧바로 할인거래를 중단하면 기왕에 할인해 간 어음들이 부도날 것이 뻔하므로 할인거래를 끊지는 않은 상태에서 다만 할인기간을 기존의 2~3개월에서 1개월로 줄이는 등의 방식으로 당분간 어음거래를 계속해 가기로 하였다."는 취지로 일관되게 진술하고 있는데 반하여 피고사건으로 조사를 받는 과정에서 조사실을 전해 듣고 처

음 알게 되었는데, 그 후 피고소인이 같은 해 ○○. ○○.경 어음번호 마가 ○○○○, 액면 금 ○억 원인 약속어음 1매와 같은 해 ○○. ○○.경 수표번호 마가 ○○○○○, 액면 금 ○억 원인 당좌수표 1매 등 약속어음 및 당좌수표 2매 액면합계 금 ○억 원을 위조, 할인함에 있어, 비록 피고소인이 같은 해 ○○. ○○.자로 여신과장에서 영업과장으로 보직이 변경되어 더 이상 그 담당업무는 아니지만, 같은 사무실에 있는 대부 계에 할인의뢰가 들어온 어음과 수표에 대하여, 그 위조된 정을 알면서도 이를 묵인하는 방법으로 피고소인에게 도움을 주었다."는 취지로 피고소인의 진술에 일부 부합하는 취지로 진술하다가, 그로부터 1주일이 지난 ○○○○. ○○. ○○.다시 조사를 받을 때부터는 갑자기 이를 번복하여 "○○○○. ○○. ○○.초 고소인이 부도나기 전에는 피고소인이 어음·수표를 위조하였다는 사실을 일체 알지 못하였고, 다만, ○○○○. ○○. 월경에 피고소인으로부터 그동안 할인해 간 어음금 중 일부를 유용하였다는 말을 듣고 피고소인이 할인금 가운데 1~2억 원 정도를 유용한 줄로 생각하고 있었다."는 취지로 진술하면서 피고소인의 위조유가증권행사 범행에 대한 가담 내지는 방조혐의를 극구 부인하고 있는 사실,

(라) 피고소인의 위 진술과 마찬가지로, ○○디앤씨 측에서 피고소인으로부터 할인의뢰 받은 어음 및 수표들을 할인하여 줌에 있어, 피고소인이 피고소인에게 이 사건 어음들이 위조된 사실을 알려 주었다는 ○○○○. ○○. ○○..경 내지 그 이전 시점인 ○○○○. ○○. ○○.경부터 ○○○○. ○○. ○○.경까지 사이에 할인된 약속어음 ○○매에 대하여는 그 지급기일을 할인일자로부터 2~3개월 가량 후로 정하다가 같은 해 ○○. ○○.이후 할인된 약속어음 및 당좌수표 7매 가운데 6매에 대하여는 갑자기 지급기일을 1개월가량 내지 그 미만으로 정하여 할인해 준 사실,

(마) 한편 피고소인은 위와 같은 범행으로 해서 ○○○○. ○○. ○○. ○○

지방법원 ○○○○고합○○○○ 유가증권위조 등으로 징역 ○년 및 벌금 ○억 원의 형을 선고받고 피고소인 역시 피고소인으로부터 어음할인의 대가조로 금원을 교부받은 사실이 드러남에 따라 같은 사건에서 특정경제범죄 가중처벌 등에 관한 법률위반(수재 등)으로 징역 ○년에 집행유예 ○년 및 추징금 ○,○○○만 원의 형을 선고받은 후 피고소인은 항소포기로 그 형이 확정되고, 피고소인은 항소심(○○고등법원 ○○○○노○○○○)에서 징역 ○년 및 벌금 ○,○○○만 원으로 감형, 확정된 사실,

(바) 위 형사판결 이외에 ○○디앤씨가 고소인을 상대로 제기한 ○○지방법원 ○○○○가단○○○○ 어음금사건의 항소심인 같은 법원 ○○○○나 ○○○○ 사건에서 ○○○○. ○○. ○○.경 피고소인이 피고소인으로부터 자신이 지금까지 ○○디앤씨로부터 할인하여 온 고소인 발행명의의 약속어음이 위조된 것이라는 말을 들었고, 그 후로는 피고소인이 어음할인기간을 1개월로 줄이기도 하고 금액도 줄여 할인하여 주었다는 사실을 인정하고, 그 토대 위에서 피고(고소인)의 사용자책임 과실비율을 60%로 정하여 원고(○○디앤씨)에게 배상할 손해배상액을 산정, 판결을 선고한 바 있으며, ○○○○. ○○. ○○.대법원(○○○○다○○○○)에서 그 판결이 확정된 사실이 각 인정됩니다.

(3) 그렇다면, 피고소인은 피고소인에게 어음위조사실을 알려 주었다고 시종 명확하고 일관되게 진술하고, 실제 피고소인이 피고소인에게 어음위조사실을 알려 주었다는 ○○○○. ○○, ○○.경 이후에는 종전과 달리 할인된 약속어음 및 당좌수표 대부분의 지급기일이 발행일로부터 1개월가량으로 단축되는 등 그 진술에 상당히 설득력이 있는데 반하여, 피고소인의 경우 ○○○○. ○○. ○○.경 피고소인으로부터 어음위조사실을 전해 듣고 이를 알고 있는 상태에서 피고소인이 추가할인을 하는데 이를 묵인하는 방법으로 도움을 주었다는 취지로 상당히 구체적이고 세부적인 사항까지 스스로 진술하다가 갑자기 이를 번복하는 등 불과 2개월 내지 6개월 전의 일을 기억함

에 있어 그 진술이 일관되지 못한 점, 가사 피고소인의 변소를 받아들인다 하더라도 피고소인이 지급지 주식회사 ○○은행인 약속어음들을 할인하면서 실제로 지급받은 금원(액면합계 금 ○○억 원, 할인 액 합계 금 ○○억 원)의 약 5% 상당에 해당하는 액수를 개인적으로 유용하였다고 피고소인이 추측하면서도 피고소인의 어음위조여부에 대한 아무런 의심 없이 이를 묵인한 채, 상부에 보고조차 하지 아니한 상태에서 이후의 어음할인 요구에 계속적으로 응하였다는 것이 다분히 상식과 논리에 반한다는 점 등에 비추어, 사법경찰관 경위 ○○○으로서는 피고소인과 피고소인의 후임 여신과장인 피고소인 오○환, 기타 위 ○○지방법원 ○○○○나○○○○ 어음금사건 기록 등을 대상으로 피고소인이 피고소인에게 어음위조사실을 알려 주었다면 그 시점이 정확이 언제인지, 피고소인이 변소하는 바 피고소인이 어음할인금 중 일부를 개인적으로 유용하였다고 피고소인이 생각하면서도 피고소인에게 계속 어음 할인을 하여 준 이유가 무엇인지, ○○○○. ○○. ○○. 피고소인의 후임 여신과장으로 부임한 위 오○환이 그 시경부터 같은 해 ○○. ○○.경까지 사이에 피고소인으로부터 약속어음 및 당좌수표 5매의 할인의뢰를 받은 후 같은 사무실에 근무하는 전임 여신과장인 피고소인에게 할인 타당성여부에 관하여 의견을 묻거나 한 사실이 있는지, 그와 같은 사실이 있다면, 이에 대한 피고소인의 당시 반응은 어떠하였는지, 위 ○○지방법원 ○○○○가단○○○○ 사건 및 그 항소심인 같은 법원 ○○○○나○○○○ 사건의 판결에서 피고소인이 ○○○○. ○○. ○○.경 피고소인으로부터 그동안 할인한 어음들이 위조어음이었다는 말을 들어 이를 알고 있었다는 사실을 인정하기에 이른 구체적인 증거관계는 어떠한지 여부 등 구체적 사실관계를 보다 상세히 확인함으로써 피고소인이 이 사건 어음들 또는 그 후 ○○○○. ○○. ○○.경까지 발행된 약속어음 및 당좌수표 5매 등에 이르기까지 위조된 어음수표를 행사함에 있어 피고소인이 이에 가담하였는지, 가담하였다면, 그 가담의 정도는 어떠한지 여부를 규명하고, 이에 따라 이 사건 피고소인의 소위가 위조유가증권행사의 공동정범 내지는 방조에 해당하는지 여부를 판단하기 위한 노력을 기울여야 하였음에도 불구하고, 그와 같은 노력을 기울이지 아니한 채, 피고소인의 명백한 진술을 배척한 상태에서 단지 그 심부름꾼 내지 하수인에 불과한 피고소인 최○수의 소재불명을 이유로 사법경찰관은 참고인중지 결정을 하였습니다.

(4) 따라서, 이 부분 사법경찰관 경위 ○○○의 수사미진 내지 자의적인 증거판단으로 참고인중지를 한 잘못이 있습니다.

3. 결론

그러므로 사법경찰관 경위 ○○○는 참고인 ○○○에 대한 소재가 불명하다는 이유로 중요한 사항에 대한 조사를 소홀히 한 채 자의적인 증거판단을 함으로써 참고인중지 결정을 한 것이므로 다시 상급경찰관서인 경기 남부지방경찰청에서 사건의 재개를 지시하거나 사법경찰관을 교체하는 등 적정한 보완수사와 상응하는 재수사의 처분이 필요하다 할 것으로 사료되어 이 사건 이의제기에 이른 것입니다.

4. 소명자료 및 첨부서류

(1) 참고인중지 결정 통지서   1통

○○○○ 년 ○○ 월 ○○ 일

위 신청인 : ○○○ (인)

경기도 남부지방경찰청장 귀중

▣ 편 저 대한법률콘텐츠연구회 ▣

(연구회 발행도서)

· 지급명령 이의신청서 답변서 작성방법
· 새로운 고소장 작성방법 고소하는 방법
· 민사소송 준비서면 작성방법
· 형사사건 탄원서 작성 방법
· 형사사건 양형자료 반성문 작성방법
· 공소장 공소사실 의견서 작성방법
· 불기소처분 고등법원 재정신청서 작성방법
· 불 송치 결정 이의신청서 재수사요청

경찰 수사과정/수사결과 불공정한 수사 편파수사 수사심의신청
수사불만 수사심의 편파수사

2025년 10월 15일 인쇄
2025년 10월 20일 발행

편 저   대한법률콘텐츠연구회
발행인   김현호
발행처   법문북스
공급처   법률미디어

주소   서울 구로구 경인로 54길4(구로동 636-62)
전화   02)2636-2911~2, 팩스 02)2636-3012
홈페이지   www.lawb.co.kr

등록일자   1979년 8월 27일
등록번호   제5-22호

ISBN   979-11-94820-32-1 (13360)

정가   28,000원

이 도서의 국립중앙도서관 출판예정도서목록(CIP)은 서지정보유통지원시스템 홈페이지(http://seoji.nl.go.kr)와 국가
자료종합목록 구축시스템(http://kolis-net.nl.go.kr)에서 이용하실 수 있습니다.

홈페이지   www.lawb.co.kr
페이스북   www.facebook.com/bummun3011
인스타그램   www.instagram.com/bummun3011
네이버 블로그   blog.naver.com/bubmunk